ESSAI
SUR L'USAGE
DE LA
RAILLERIE
ET DE
L'ENJOUMENT
DANS LES
CONVERSATIONS

*Qui roulent sur les Matieres les plus
importantes.*

TRADUIT DE L'ANGLOIS.

A LA HAYE,
Chez HENRI SCHEURLEER.
MDCCX.

A MONSIEUR

JEAN VROESEN

Conseiller du Conseil
de Brabant.

MONSIEUR,

*JE prens la li-
berté de Vous
offrir le premier
Ouvrage que j'ai
fait mettre sous la*

pres-

EPITRE.

preſſe. Le favora-
ble accueil qu'il a
reçu en Angleter-
re, où l'Original
paſſe pour un chef-
d'œuvre en ſon gen-
re, me fait eſperer
que cette Copie ne
déplairra pas en
Hollande. Elle a é-
té travaillée avec
beau-

EPITRE.

beaucoup de soin,
s'il en faut juger
par le temps qu'el-
le a été sur le mé-
tier. En toute au-
tre rencontre j'au-
rois peut-être sou-
haité que le Tra-
ducteur se fût hâ-
té davantage: mais
dans le dessein où

EPITRE.

j'étois de Vous de-
dier ce Livre, je
suis bien aise qu'on
n'ait rien épargné
pour le rendre aussi
digne de Vous être
offert, qu'il étoit
possible. S'il est à
Vôtre goût, il plair-
ra infailliblement
à tout ce que nous

avons

avons de gens d'un Esprit délicat, & d'un Jugement exquis : Car, comme on sait, Vous possedez ces belles qualitez dans un degré fort éminent. Je n'ai garde, MONSIEUR, de m'étendre sur ce sujet.

C'est

EPITRE.

C'est à ceux qui ont l'honneur de Vous voir de près, qu'il appartient d'entretenir le Public de tous les rares talens que Vôtre Modestie n'a pû leur cacher, & dont une partie se fait voir aux yeux

de

EPITRE.

de tout le monde par la maniere dont Vous rempliſ-ſez les Emplois, où Vôtre Merite Vous a élevé. Il me ſuffit, MON-SIEUR, de Vous avoir témoi-gné mon Reſpect en vous préſentant ce

pe-

EPITRE.

petit Ouvrage. Je suis avec un parfait devoûment,

MONSIEUR,

PREFACE
DU
TRADUCTEUR.

IL y a six ou sept mois que l'Ouvrage que je vous donne ici, paroît en Anglois; & j'ai ouï dire qu'on en a déja fait deux Editions. Bien des gens croyent qu'on n'a encore rien écrit dans cette Langue, de si correct, de si vif, & de si poli. J'aurois dû en bonne politique cacher cette circonstance à mes Lecteurs François: car je les avertis par là des défauts de ma Traduction, où ils chercheroient en

vain

vain tous ces agrémens. Mais
comme ceux qui pourront lire l'Original , ne s'aviferont
jamais de jetter les yeux fur
ma Traduction.je m'imagine
que ceux qui feront obligez
de fe contenter de la Copie
que j'en ai fait , feront fr frappez de la beauté des penfées
de mon Auteur, qu'ils ne fon-
geront point à reprendre la
maniére dont je les ai expri-
mées. Ils feront, j'efpere, affez
contens de moi , s'ils peuvent
m'entendre. Je n'ai rien épargné pour leur donner cette
fatisfaction : & quoi que j'aye
employé bien du temps à ce
travail, il ne feroit pas encore
forti.de mes mains., fi j'euffe
crû pouvoir le rendre plus
par-

parfait à cet égard.

Je ne prétens pas, au reste, vous faire ici en détail l'éloge de cet Ouvrage, ni perdre du temps à juſtifier la liberté que j'ai pris de le mettre en François. Je me propoſe ſeulement de vous expliquer en peu de mots à quelle occaſion & dans quelle vûë il a été écrit. Il n'y a pas apparence que la choſe ſoit exactement connuë hors de l'Angleterre; & cependant, c'eſt de là que dépend, en quelque maniére, toute l'intelligence de cette Piéce.

On ſait confuſément en France & en Hollande, qu'il y a en Angleterre des Eſprits pénétrans & hardis qui parlent,

lent, & qui écrivent avec beaucoup de liberté contre les Opinions le plus générale-ment établies. Ils paſſent dès-là pour de vrais *Pyrrhoniens*. On leur donne ce tître fort communément : & bien loin de s'en choquer, ils commen-cent à s'en faire honneur. Comme ils attaquent tout le monde, on les attaque auſſi de tous côtez, en Chaire, en con-verſation, & dans la plûpart des Livres qu'on écrit ſur des Points de Theologie ou de Metaphyſique. C'eſt à eux auſ-ſi que l'on en veut proprement dans cet Ouvrage; mais nôtre Auteur fait voir en paſ-ſant que ces Meſſieurs ne ſont pas ſi Pyrrhoniens qu'on pour-

pourroit bien croire ; & que,
s'ils font profeſſion d'un parfait Pyrrhoniſme, ce n'eſt apparemment qu'un tour dont
ils ſe font aviſez pour mieux
diſpoſer les Eſprits à entendre
revoquer en doute des Doctrines reſpectées , qu'ils
croyent effectivement contraires aux veritables interêts
du Genre Humain.

S'il faut dire la verité, on
ne doit pas attendre un grand
ſuccès de la Methode qu'on a
pris juſqu'ici pour les déſabu-
ſer. On déclame en général
contre la liberté qu'ils ſe donnent de douter de la verité de
telle ou telle Doctrine. Au
lieu de répondre tranquille-
ment à leurs Objections, on
les

les cenfure de ce qu'ils ofent
les publier. Tout cela n'eft
bon qu'à les confirmer dans
leur Pyrrhonifme, & à leur
perfuader, que leurs Adver-
faires ne voyent pas mieux
qu'eux la verité de ces Doctrines particulieres, & que,
s'ils font femblant de les croire, ce n'eft peut-être que
pour s'accommoder au
temps, & ne pas choquer le
plus grand Nombre, qui d'ordinaire eft plus zelé pour les
Opinions qu'il comprend le
moins. Ils pourront toûjours
leur dire, *Eh Meffieurs, de-*
quoi vous fâchez-vous? Eft-ce
de ce que nous avons la vûë
courte? Mais fi vous êtes plus
clairvoyans, fi vous avez plus
de

de pénétration que nous, d'où vient que vous ne vous hâtez pas de nous faire part de vos lumieres? Nous doutons de la solidité d'un tel Dogme; & il vous paroît à vous fondé sur des raisons incontestables. Que ne les proposez-vous donc nettement ces raisons évidentes, sans vous mettre en colere contre ceux qui n'ont pas eû le bonheur de les découvrir?

Nôtre Auteur qui a bien senti la justice de ces plaintes, bien éloigné d'effaroucher ces prétendus Pyrrhoniens en censurant gravement leur conduite, employe la PRE-MIERE PARTIE de son Ouvrage à justifier la liberté qu'ils prennent d'examiner tou-

toute forte d'Opinions, de douter des Principes le plus généralement reçûs, & de les mettre même à l'épreuve du *Ridicule.* Par ce moyen il gagne leur confiance, *& admiſſus circum præcordia ludit.* Après leur avoir permis de rire de tout, il fe rit d'eux à fon tour, mais d'une maniere fi polie, & fi fenfée, qu'ils ne fauroient y trouver à redire.

Dès la SECONDE PARTIE il attaque leurs Principes favoris fur le chapitre de la Vertu & de la *Sociabilité.* C'eft là, je croi, le grand deffein de cet Ouvrage. Ces nouveaux Pyrrhoniens nient avec *Hobbes* tout *fentiment géné-*

généreux, & toute *affection
naturelle*:& nôtre Auteur fait
voir , que ces fentimens fe
trouvent dans le cœur de tous
les hommes , qu'ils y agiffent
néceffairement en plufieurs
rencontres , qu'*Hobbes* lui-
même n'a pû s'en dépouiller ;
& que fes Sectateurs font
foûmis autant que qui que ce
foit au pouvoir de ce mê-
me charme.

Non content de cette pre-
miere attaque , il refute plus
directement leurs Principes
dans la TROISIE'ME PARTIE.
C'eft là qu'après avoir prouvé
que l'idée qu'ils fe font fait, a-
près *Hobbes* , de l'*Etat de
Nature* , eft tout-à-fait chimerique , il montre ce que
c'eft

c'eſt que cet Etat, & quels en
ſont les veritables fondemens.
Il bâtit ſur ce Principe, que,
ſi rien eſt naturel à quelque
Créature, ou à quelque Eſpèce
d'Etre que ce ſoit, c'eſt ce qui
tend à la conſervation de cette
Eſpèce & qui contribuë à la
maintenir en bon état. Principe évident, d'où il tire contre *Hobbes*, *Epicure*, & ceux
qui défendent aujourd'hui
leur Doctrine, des conclu-
ſions qui tendent uniquement
à relever le prix naturel de la
Vertu, & à faire voir que ce
n'eſt pas par dés vuës d'un interêt particulier qu'elle doit
être recherchée.

Enfin, dans la DERNIERE
PARTIE il fait de nouveaux
efforts

efforts pour convaincre ces Meſſieurs de la beauté de la Vertu. Il les force, pour ainſi dire, à renoncer à leurs Lumiéres Naturelles & acquiſes, ou à reconnoître, que ſelon leurs propres idées, rien n'eſt plus charmant qu'une conduite ſage & bien réglée.

Comme chacun a ſa Methode, qu'il eſt tenté de préferer à toute autre, s'il ſe trouve des gens qui ne goûtent pas le tour que nôtre Auteur prend ici pour faire valoir la Vertu, ils verront du moins qu'il la connoît, & qu'il l'aime paſſionnément. Peut-être même feront-ils touchez de ce qu'il dit à cette occaſion.

J'ai eû ſoin de faire voir par
de

de petites Notes où c'eſt qu'on attaque *Hobbes*, ce qui ſervira à renouveller l'idée du Deſſein général de cet Ouvrage. Les autres Notes pourront auſſi avoir leur uſage. Je n'ai point affecté d'en multiplier le nombre. Il m'auroit été fort aiſé de le faire, ſi j'euſſe voulu citer une partie des Paſſages anciens qui ont quelque rapport aux penſées de nôtre Auteur.

Encore un mot: ſouvenez-vous, je vous prie, de jetter les yeux ſur l'*Errata.*

ERRATA.

PAGE 9. *ligne* 23. la reduit *liſez* la réduiſent. *Pag.* 11. *ligo.* 13. *&* 14. preſcriptions *liſ.* défenſes. *pag.* 21. *l.* 20. *& 21.* chacun ſouhaite. *liſ.* on ſouhaite. *pag.* 24. *l.* 23. ils ſont, *liſ.* ils ſeront. *pag.* 25. *l.* 13. ſur, *liſ.* ſous. *P.* 36. *l.* 11. *& 12. meilleur Raiſonneur,* liſ. *meilleurs Raiſonneurs.* P. 43. *l.* 3. Verité. *liſ.* Vertu. *P.* 54. *l.* 19. prévoir *liſ.* prévenir. *P.* 87. *l.* 17. *& 18.* ſévére qu'il ſoit, *liſ.* ſevéres qu'ils ſoient. P 91. *l.* 3. *& 4.* Acte humain. *liſ.* Acte d'humanité. *P.* 101. *l.* 23. ne ſe fait jamais ſi bien ſentir. *liſ.* ne paroît jamais mieux. *P.* 120. *l.* 4. cer *liſ.* cher. *P.* 134. *l.* 22. Et quoi que le caractère d'un Gourmand ou d'un parfait Débauché ſoit, *liſ.* Et comme le caractère d'un Gourmand ou d'un parfait Débauché eſt. *P.* 147. *l.* 3. *Mondi,* liſ. *Monde.* P. 160. *l.* 11. *ſant,* liſ. *ſont.*

ESSAI

SUR L'USAGE

DÉ LA

RAILLERIE

ET DE

L'ENJOUMENT,

DANS LES

CONVERSATIONS

Qui roulent sur les Matiéres les plus importantes.

§. I. J'ADMIRE enco-re, mon cher A-mi, d'où pût ve-nir cette furprife que vous fîtes paroître l'autre jour qu'il m'arriva de vous fai-re l'éloge de la *Raillerie*. Eft-

I.
PAR-
TIE.

A ce

ce donc que vous me croyez
d'un temperament trop grave
pour goûter des Converſa-
tions où elle a quelque part ?
Ou bien, craindriez-vous que
je ſerois incapable de ſouffrir
la raillerie, ſi j'étois mis à l'é-
preuve ſur un point où je fuſſe directement intereſſé moi-
même ?

Vous aviez raiſon, ſans doute , de vous tenir un peu ſur
vos gardes, ſi vous me preniez
en effet pour un de ces violens
Zelateurs qui n'ont pas la force de voir leurs Opinions ex-
poſées au moindre trait de
raillerie. Je ſai que bien des
gens ſont dans le cas. Tout
ce qui leur paroît grave & ſerieux , ils s'imaginent qu'on
n'en doit jamais parler que ſerieuſement & avec beaucoup
de gravité ; quoi qu'en même
temps ils ſoient fort aiſes de
traiter différemment ce qu'un
autre

autre juge très-ferieux , toûjours prêts à mettre à l'épreuve du ridicule toute forte d'O-
pinions , excepté celles pour
qui ils fe font déja déclarez.

Mais ce procedé eft - il fincere ? L'Equité & la Raifon
ne nous ordonnent-elles point
au contraire , de n'avoir pas
plus de menagement pour nos
propres Opinions que pour
celles des autres hommes? Et
fi nous nous épargnons nous-
mêmes dans cette occafion ,
ne nous expofons-nous pas à
être regardez comme des gens
trop prévenus de nôtre propre
merite ? On pourra fans doute
nous accufer d'une ignorance
volontaire; & d'avoir, par une
aveugle Idolatrie , embraffé
des Opinions au hazard , &
confacré dans nôtre Efprit des
Notions frivoles que nous ne
voulons pas fouffrir qu'on faffe
jamais paroître en plein jour.

A 2   Ces

Ces fentimens que nous te-
nons renfermez avec tant de
foin, paffent dans nôtre Efprit
pour des Etres facrez & di-
vins; & ce ne font peut-être
que des Monftres, ou de vains
Phantômes qui nous impofent
tandis que nous refufons de
les tourner de tous côtez, &
d'obferver leurs formes &
leurs traits à toute forte de
jour. Car ce qui ne peut être
expofé qu'à un certain jour,
eft fufpect. L'on fuppofe que
la Verité peut être fûrement
éclairée de tous côtez : & pour
qu'un fujet foit parfaitement
connu, il eft néceffaire de voir
s'il eft à l'épreuve du ridicule.
C'eft du moins ce que recon-
noiffent tous ceux qui en ap-
pellent à cette épreuve. Les
gens les plus graves en con-
viennent dans le temps même
qu'ils traitent des points de la
derniere gravité ; & l'on ne
voit

voit pas qu'ils ayent aucun droit de refuſer à d'autres cette ſorte d'appel , puiſqu'ils prennent la liberté de cenſurer comme le reſte des hommes , ce qui leur déplaît ; & qu'en effet dans leurs plus grands démêlez , ils ne font pas difficulté de dire, *N'eſt-il pas ridicule de ſoûtenir , ou d'avancer telle ou telle choſe ?*

Puiſque me voilà en train, je vais vous faire part de tout ce qui m'eſt venu ſur cela dans l'Eſprit , depuis nôtre derniere Converſation. Vous ſerez par là en état de juger , ſi j'étois ſincére l'autre jour que j'entrepris la défenſe de la *Raillerie* ; & ſi je puis continuer à plaider pour nos Amis communs , gens d'Eſprit , qu'on cenſure ſi ſouvent de leur inclination à la Raillerie , & de la liberté qu'ils prennent de ſe ſatisfaire en ce point dans

A 3   leurs

leurs Conversations & dans leurs Ecrits.

§. II. A PARLER serieuse-ment, lorsqu'on considére l'u-sage qu'on fait quelquefois de cet Esprit de plaisanterie ; & jusqu'à quel excès l'ont porté dans ce siécle des personnes d'un certain caractére , il est mal-aisé de déterminer ce qu'on doit juger de cette pas-sion , & quelles en seront en-fin les conséquences. Elle a passé des gens de plaisir * aux gens d'affaires. Les Politiques en ont été infectez : & les plus graves matiéres d'Etat ont été traitées avec des airs ironi-ques & de pure plaisanterie. Les plus habiles Negociateurs ont été reconnus pour les boufons les plus renommez ; & les Ecrivains les plus célé-bres , pour les plus grands maî-tres du stile burlesque.

A

* Ceci regarde sur-tout l'*Angleterre.*

A la verité, il y a une eſpéce
de *Raillerie défenſive* (ſi j'oſe
l'appeller ainſi) dont je per-
mettrois ſans peine l'uſage en
toute ſorte d'affaires, lorſque
par un eſprit de curioſité l'on
voudroit nous forcer à découvrir la Verité au delà de ce
qu'il eſt convenable. Car on
ne fait jamais tant de tort à la
Verité, que lorſqu'on l'expo-
ſe à un trop grand jour en
certaines occaſions. Il en eſt
de l'Entendement comme des
yeux. A des yeux d'une certaine configuration † il faut
juſtement tant de lumiére, &
pas davantage. Quelques dégrez au delà n'y produiſent
que ténébres & confuſion.

C'eſt humanité & bonté
toute pure que de cacher certaines veritez trop fortes à des
Eſprits foibles. Et il eſt plus

A 4

aiſé

I.
PART.

---

† Témoin les Hiboux, & autres Oiſeaux
de nuit.

aifé & plus civil de le faire en les amufant agréablement , que par un refus févére , & une referve trop remarquable. Mais s'étudier à confondre les hommes par des tours myfterieux, & tirer avantage, ou fe divertir de l'embarras où l'on les jette par ce moyen , cela eft auffi contraire à la bienfeance lorfqu'on ne fonge qu'à plaifanter , qu'il eft contraire à l'honnêteté lorfqu'on le fait très-ferieufement , ou dans une pleine & formelle refolution de tromper. Les gens fages peuvent avoir befoin aujourd'hui, comme autrefois , de parler *en paraboles* , & à double fens, afin que l'Ennemi foit amufé ; & qu'il n'y ait que *ceux qui ont des oreilles pour entendre , qui puiffent entendre*. Mais parler d'une maniére qui amufe tout le Monde également, & qui laiffe l'homme me le plus judicieux, & même nôtre Ami dans une égale incertitude, de forte qu'il ne puiffe deviner quelle eft nôtre veritable penfée fur ce qui eft en queftion, c'eft avoir un tour d'Efprit bien pitoyable & bien groffier. C'eft cette plaifanterie ruftique qui choque fi fort dans les bonnes compagnies. Et en effet, il y a autant de différence entre ces deux efpéces de plaifanterie, qu'entre la fincerité & l'hypocrifie, ou qu'entre un enjoûment agréable, & une fade boufonnerie. Mais la liberté de la Converfation décreditera bien-tôt cette derniére efpece: car la Plaifanterie fe fert de correctif à elle-même. La liberté & le commerce la réduit bien-tôt à fa jufte valeur. Il n'y a rien à craindre en ce cas, qu'une interdiction générale. Il en

A 5   eft

I.
PART.

eſt ici comme à l'égard du Negoce que les impoſitions & les reſtrictions réduiſent au petit pied; & auquel rien n'eſt ſi avantageux qu'un Port libre.

Nous avons vû , de nôtre temps , le déclin & la ruïne d'une fauſſe eſpece d'Eſprit , qui étoit ſi fort au goût de nos Ancêtres , qu'ils en rempliſſoient leurs Poëmes, leurs Comedies , auſſi-bien que leurs Sermons. Toute plaiſanterie * rouloit ſur des é-quivoques. A la Cour même on parloit ce langage. Mais il eſt préſentement banni de la Ville, & de toute bonne Compagnie. Il n'en eſt reſté que quelques legers veſtiges à la Cam-

---

* C'eſt ce qu'on nommé en François *Pointe* , miſerable jeu de mots , qui après avoir été auſſi fort bien reçû en *France* , en a été entiérement banni.

Là *Proſe* la reçût auſſi bien que les *Vers*,
L'*Avocat au Palais en heriſſa ſon ſtile*,
Et le Docteur en chaire en ſema l'Evangile.
Deſpreaux. *Art Poëtique: chant. 2.*

Campagne ; & l'on diroit qu'enfin il a été confiné dans les Lieux où l'on prend foin de l'éducation de la Jeuneffe, comme le principal amufement des Pedans, & de ceux qui font fous leur direction. C'eft ainfi qu'à d'autres égards, l'Efprit fe rafinera par l'ufage, pourvû que nous l'abandonnions à lui-même, fans le gêner par une contrainte févére & de rigoureufes prefcriptions. Toute politeffe eft une production de la Liberté. C'eft par une douce *collifion* que nous nous poliffons l'un l'autre. Reprimer cette liberté, c'eft un moyen infaillible d'enrouiller l'Efprit; c'eft détruire la Civilité & la bonne éducation ; & anéantir même la Charité , fous prétexte de la maintenir.

§. III. N'ATTENDEZ pas , au refte, que je vous décrive

A 6   ici

ici la *bonne Plaifanterie*. Cela eft auffi difficile à faire , & peut-être auffi inutile, que de définir ce que c'eft que *bonne Éducation*. Sur ces chofes perfonne ne peut entendre la fpeculation, que ceux qui font exercez dans la pratique. Cependant chacun s'imagine être bien élevé ; & le Pedant le plus formalifte croit pouvoir railler de bonne grace. J'ai connu quelques-uns de ces graves Meffieurs qui ayant voulu cenfurer un Auteur de ce qu'il avoit écrit en faveur de la Raillerie , ont à tout bout de champ employé euxmêmes cette efpece d'arme , quoi qu'ils fuffent naturellement très-peu propres à s'en fervir. Il en eft de même , fi je ne me trompe, de plufieurs de nos Zelateurs qui ont entrepris de répondre à des Ecrivains modernes qui penfent

avec

avec quelque liberté d'Efprit.
Ces Meffieurs qui avec un air
rebarbatif, & une mine de
vrais Inquifiteurs, ne refpi-
rent que fureur, ont fort mau-
vaife grace lorfqu'il leur prend
envie de renoncer à leur auf-
terité, & de plaifanter avec
un Adverfaire qu'ils aime-
roient bien mieux traiter d'u-
ne autre maniere. Car pour
leur rendre juftice, je fuis perfuadé, que, s'ils étoient les
maîtres, leur conduite & leur
mine s'accorderoient parfaitement bien. Ils quitteroient
bien-tôt la Farce, pour donner
une vraye & parfaite Trage-
die.

Mais dans l'état où font les
chofes, il n'y a rien de plus
ridicule que ces Ecrivains à
double vifage, qui rient d'un
œuil, & jettent feu & flamme
de l'autre. Après être entrez
dans la lice, à condition de
A 7   n'em-

n'employer que des armes legitimes, l'Efprit, & la Raifon, ils n'ont pas plûtôt commencé le combat, que vous les entendez crier au fecours, & livrer leurs Antagoniftes au bras feculier. Rien ne fait un contrafte plus étrange qu'un Bourreau, & un *Arlequin* fur un même Théatre. Je fuis pourtant perfuadé, qu'à bien examiner la conduite de quelques Ecrivains Controverfiftes de nôtre fiécle, on trouvera que c'eft là leur véritable portrait. Auffi peu capables de foûtenir un caractére grave, qu'un caractére enjoûé, ils donnent toûjours, ou dans une exceffive févérité, ou dans une fade boufonnerie; de forte que leurs Ecrits bigarrez par des traits d'emportement & de gayeté, de zele & de plaifanterie, ont à peu près le même air que la conduite de
ces

ces Enfans bizarres qui cha-
grins & enjoûëz presque dans
un même instant, peuvent
rire & pleurer tout à la fois.

Je vous laisse à penser, après
cela, quel doit être le succès
de ces sortes d'Ecrits, & combien ils peuvent contribuer à
gagner, ou à convaincre l'Esprit de ceux qu'on suppose
dans l'erreur. Pour moi, je
ne suis point surpris d'entendre, à cette occasion, les
plaintes que ces Zelateurs
font en public, de ce que,
tandis que les Livres de leurs
Adversaires se débitent si
bien, les Réponses qu'on y
fait peuvent à peine se faire
jour dans le Monde. La Pe-
danterie & la Bigotterie sont
capables d'enterrer le meilleur
Livre qui sera infecté le moins
du monde de ce double poi-
son. Nôtre siécle ne s'accom-
mode point des airs du Pedagogue.

gogue. Le monde eft bien aife d'être enfeigné , mais il ne peut fouffrir d'être maîtrifé. Si un Philofophe parle , on l'écoute avec plaifir , pendant qu'il s'en tient à la Philofophie. De même, un Chrétien eft écouté , tandis qu'il s'en tient à la Charité & à la Debonnaireté dont il fait profeffion. On permet à un Gentilhomme de railler & de plaifanter , parce qu'il le fait toûjours poliment , & jamais d'une maniere ruftique ou dégoûtante. Mais fi l'homme d'étude qui ne connoît que fes Livres, écrivant, pour ainfi dire , par fauts & par bonds , & empiétant fur tous ces caracteres , paroît dans le fond auffi peu capable de foûtenir le vrai caractere du Chriftianifme , que de raifonner en Philofophe , ou de railler en homme bien élevé , il eft naturel

turel que les productions d'un
Cerveau fi déréglé foient re-
çûës avec mépris dans le
Monde.

Si vous croyez , mon cher
Ami , que par cette Defcrip-
tion , j'ai fait tort à quelqu'un
de ces zelez Controverfiftes
qui écrivent fur la Religion ,
lifez quelques pages de leurs
Ecrits (lors même que la Dif-
pute eft renfermée dans leur
propre Parti) & prononcez ;
je m'en rapporte à vôtre jugement.

§.IV. MAIS c'eft affez parler des Auteurs & de leurs
Ouvrages. Je vais , puif-
que vous le fouhaitez , vous
communiquer mes penfées fur
l'enjoûment & la liberté de la
Converfation , mais fur-tout
par rapport à la derniere Converfation où je me trouvai
avec vous & quelques-uns de
nos Amis que vous croyiez
que

que j'aurois dû cenfurer avec beaucoup de gravité.

Bien loin d'en venir là, je vous avoûë que je trouvai cette converfation fort agréable : & elle ne me le parut peut-être pas moins, pour avoir fini d'une maniere bruf-que & avec une efpéce de confufion, qui réduifit prefque à rien tout ce qui venoit d'ê-tre dit. Il ne feroit peut-être pas à propos de confier au Papier quelques incidens de cette Converfation. Il fuffit que je vous remette dans l'Ef-prit ce qui s'y paffa en général. A la verité, quantité de beaux Syftêmes y furent détruits; & plufieurs graves raifonne-mens, bouleverfez. Mais comme tout cela fe fit fans choquer les Intereffez, & de telle forte que la Compagnie en fût toûjours de meilleure humeur, tout le monde fe fépara

sépara avec une nouvelle envie de goûter au plûtôt le
plaisir d'une pareille Conversation. Et je suis persuadé que,
si la Raison eût été chargée
elle-même du soin de pronon-
cer sur ses propres interêts ,
elle auroit jugé qu'à tout
prendre, elle avoit plus gagné
par cette maniére aisée & familiére dont les choses furent
traitées , que par un violent
attachement à certaines Opinions, duquel on se fait honneur dans les Conversations
ordinaires.

Mais peut-être croyez-vous
encore que je ne parle pas
sérieusement, & que ce n'est
que par esprit de singularité
que j'affecte de louër une
Conversation comme propre
à avancer les interêts de la
Raison , qui se termina par
douter de tout ce que la Raison semble avoir si bien établi.
Pour

Pour réponfe, je vous dirai, que felon l'idée que j'ai de la Raifon, les meilleurs Traitez des Savans, ni les plus beaux Difcours des Orateurs ne peuvent point, par eux-mêmes, nous apprendre à en faire un bon ufage. Il n'y a que l'habitude de raifonner qui puiffe faire un bon Raifonneur : & rien n'eft plus propre à produire cette habitude que le plaifir qu'on prend à la contracter. Voulez-vous qu'on goûte les Converfations qui roulent fur des matiéres de fpeculation ? Donnez à ceux qui s'y trouvent la liberté de railler, & de revoquer tout en doute d'une maniére civile & honnête: permettez qu'on développe, ou qu'on refute tout argument qui vient à être propofé, en forte qu'on ne choque point, celui qui en eft l'Auteur. Voilà les feules conditions

ditions qui peuvent rendre ces Converſations agréables. Car à dire le vrai, elles ſont deve- nuës onereuſes aux hommes par la ſévérité des Loix qu'on y a introduit, & par l'Eſprit pedanteſque & bigot de ceux qui y tiennent les prémiers rangs, & qui s'attribuent le droit d'y regenter à leur fan- taiſie.

Semper ego auditor tantum? C'eſt une plainte auſſi naturel- le par rapport à la Théologie, à la Morale, & à la Philoſophie, qu'elle l'étoit dans la bouche de *Juvenal* par rapport à la Poëſie. Chacun ſe laſſe d'être Auditeur. La grande Loi de la Converſation, & dont cha- cun ſouhaite avec paſſion l'é- tabliſſement, c'eſt que CHA- CUN PUISSE PARLER A'SON TOUR. En fait de raiſonne- ment, on avance plus dans deux ou trois minutes, par des queſtions

queſtions & des repliques, que
par des diſcours ſuivis qui du-
rent des heures entiéres. Les
Harangues ne ſont propres
qu'à émouvoir les paſſions ; &
le pouvoir de la Déclamation,
c'eſt plûtôt d'épouvanter ,
d'enlever, de ravir, ou de plai-
re, que de ſatisfaire ou d'inſ-
truire. Une conférence libre,
c'eſt un combat en champ
clos ; & le reſte n'eſt en com-
paraiſon , que *battre l'air* , &
faire du bruit pour rien.

Il s'enſuit de là, que, ſi l'on
eſt lié & garroté dans des Con-
férences, & reduit à écouter
des harangues ſur certains ſujets, l'on concevra néceſſaire-
ment autant de dégoût pour la
matiére des diſcours ainſi
maniez, que pour les Diſcou-
reurs eux-mêmes. Les hom-
mes aiment mieux raiſonner
ſur des bagatelles , pourvû
qu'ils puiſſent le faire librement

ment & fans être gênez par le
poids de l'autorité , que de
raifonner fur les matiéres les
plus importantes , lorfqu'ils
font tenus en refpect, & que la
crainte les empêche de dire
tout-ce qui leur vient dans
l'Efprit.

Et il n'y a pas lieu d'être
furpris qu'en général les Hommes foient de fi foibles raifon-
neurs ; & qu'en compagnie ils
fe foucient fi peu d'argumen-
ter à toute rigueur fur des fujets communs, puifqu'ils font
fi peu accoûtumez à ofer faire
ufage de leur Raifon dans des
Matiéres plus importantes ; &
qu'on les force à raifonner foi-
blement où ils ont le plus de
befoin d'activité, & d'employer toute la force de leur
Efprit. Cela étant , ils fe trouvent dans le cas de ces Corps
fains & vigoureux qui renfermez dans un lieu trop étroit ,

ne

ne peuvent point avoir le libre uſage de leurs mouvemens naturels. Ils ſont forcez de faire des geſtes & des contorſions étranges.Ils ont une ſorte d'action : ils continuent à ſe mouvoir, quoi que de la plus mauvaiſe grace du monde.Car dans ces Membres pleins de vigueur & de ſanté, les Eſprits animaux ne ſauroient demeurer dans l'inaction, & ſans quelque eſpéce d'exercice.De même, on a beau mettre à la chaîne & en priſon les Eſprits naturellement libres des perſonnes ingenieuſes, ils trouveront d'autres moyens de ſe donner du mouvement pour ſe ſoulager dans cette ſituation forcée;& ſoit par le burleſque, ou par la boufonnerie la plus baſſe, ils ſont charmez de découvrir leurs penſées à quelque prix que ce ſoit, & de ſe vanger ſur ceux qui les génent

de

de cette maniére. Tel eſt, mon
cher Ami , le genie des hommes. Si on leur défend de dire
ſerieuſement ce qu'ils penſent
ſur certains ſujets , ils le feront
en plaiſantant , & par voye d'i-
ronie. Si on leur impoſe un
ſilence abſolu ſur ces ſortes de
matiéres , ou qu'en effet , ils
jugent qu'il eſt dangereux
d'en parler , ils redoubleront
leur deguiſement : ils cache-
ront leurs penſées ſur des paroles myſterieuſes ; & s'expri-
meront de telle maniére que
ceux qui ſont diſpoſez à leur
faire du mal , pourront à peine
les entendre , ou du moins ſeront incapables d'interpréter
nettement leur penſée. Voilà
ce qui met ſi fort en vogue la
Raillerie ; & qui fait qu'on la
pouſſe juſqu'à l'excès. C'eſt ,
dis-je, l'Eſprit de perſecution
qui a donné naiſſance à la raillerie outrée : & ſi nous man-

B   quons

quons de veritable Politeſſe ; & que nous faſſions un mauvais uſage de l'enjoûment , c'eſt faute de liberté.

Si dans ce cas, nous paſſons les juſtes bornes de ce que les *Romains* nommoient *Urbanité* ; & que nous ſoyons portez quelquefois à prendre des airs boufons & ruſtiques, tout cela ne vient que de l'impertinente gravité & de l'humeur ſauvage de nos Pedagogues. Qu'ils s'en prennent à eux-mêmes , au lieu de ſe plaindre, ſi en particulier on leur fait ſentir les traits les plus vifs de cette raillerie qu'ils ont eux-mêmes provigné. Car naturellement elle ſe fera ſentir avec plus de violence où la Contrainte aura été la plus ſévére. Plus on eſt gêné , plus la ſatyre ſera piquante. Plus l'eſclavage eſt peſant , plus la boufonnerie ſera outrée.

Pour

Pour s'affûrer que cela eft veritablement ainfi, l'on n'a qu'à jetter les yeux fur ces Païs où la Tyrannie fpirituelle eft dans le plus haut point. Voyez les *Italiens* : ce font les plus grands Boufons du monde. Le burlefque & le badin dominent dans leurs Ecrits, dans leurs Converfations familieres, fur leurs Théatres, & dans les Ruës. Dans la contrainte où l'on tient ces pauvres Efclaves, il ne leur refte point d'autre moyen de fe décharger d'une penfée libre. Nous devons leur ceder la fuperiorité à cet égard : & il n'eft pas fort furprenant que nous foyons moins habiles qu'eux dans cet Art, puifque nous avons plus de liberté.

§. V. Je croi fincerement que c'eft par la même raifon, que les Anciens connoiffoient fi peu cet Efprit de boufonne-

rie;

rie ; & qu'on trouve à peine aucune trace du veritable Burlefque dans les Auteurs des fiécles les plus polis. Il eft vrai que la Méthode dont ils traitoient les plus graves fujets différoit un peu de celle que nous fuivons aujourd'hui. En général ils écrivoient d'un ftile libre & familier. Ils aimoient à nous donner dans leurs Ouvrages, l'idée d'une veritable Converfation, & pour cet effet à traiter les matieres en forme de Dialogue ; où tout étoit examiné avec une entiére liberté. La Scene étoit ordinairement à table , ou dans des Promenades publiques ; ou dans des lieux d'Affemblée : & le même efprit , le même enjoûment qui brilloit d'ordinaire dans leurs Difcours réels , paroiffoit dans ceux qu'ils avoient compofé dans leur Cabinet. C'étoit un procedé

cedé noble & sincere : car sans cette liberté qui accompagne l'Esprit & l'Enjoûment, la Raison peut à peine être établie sur ses veritables fondemens, ou même être discernée. Le ton grave & magistral inspire la crainte & le respect. L'essor que se donne le Pedagogue, entraîne l'Entendement comme malgré lui, & l'empêche d'examiner de sens froid ce qui lui est proposé de cet air imperieux. L'autre maniére, au contraire, nous donne les plus belles commoditez du monde de faire tout passer par l'étamine ; & permet à un Antagoniste d'employer toutes ses forces but à but, & avec armes égales.

On ne sauroit croire quel avantage c'est à un Lecteur de pouvoir ainsi *joûter* avec un Auteur qui est bien aise d'en venir aux prises avec lui, &

B 3   qui

qui quittant le cothurne Tragique, se fait un plaisir de paroître avec une démarche aisée, & un habit plus simple & plus naturel. Rien n'est d'un plus grand secours à l'imposture qu'un air & un ton contrefait. Et bien des discours sophistiques se soûtiennent à la faveur d'un sourcil sévére ; qui seroient méprisez, s'ils étoient proposez d'un air simple & naturel. C'étoit l'opinion d'un * Sage de l'Antiquité, que la Plaisanterie est la seule épreuve de la Gravité, & la Gravité de la Plaisanterie : *Car*, disoit-il, *tout sujet qui ne peut soûtenir la raillerie, est suspect ; & une Plaisanterie qui n'est pas à l'épreuve d'un serieux examen, est certainement une méchante Plaisanterie.*

Mais il y a des gens si remplis de l'Esprit de bigotterie, & d'un

* *Gorgias.*

d'un faux zéle pour la Verité, qu'aussi-tôt qu'ils entendent dire qu'on examine des Principes, qu'on fait des recherches sur les Arts & les Sciences; & qu'on traite des points d'importance d'une maniére gaye, & avec une entiére liberté d'Esprit, ils s'imaginent d'abord, que toute sorte de Professions & d'Etablissemens vont tomber en ruïne, que tout ordre, & toute bienseance vont être bannis du Monde. Iis apprehendent, ou font semblant d'apprehender, que cette liberté va exposer la Religion elle-même : & par cette raison ils font aussi allarmez de voir que cette Liberté prenne pied dans les Conversations ordinaires, quoi que maniée avec prudence, que si l'on s'en servoit grossiérement en public, & devant les Assemblées les plus solemnelles. Mais, si

B 4   je

je ne me trompe, le cas eft fort différent. Car je vous prie, mon cher Ami, de ne pas oublier que je ne vous écris que pour défendre la liberté des Societez privées, je veux dire celle que prennent en particulier des gens bien nez & des Amis qui s'entreconnoiffent parfaitement bien. Que ce ne foit qu'avec cette reftriction que je puis plaider pour la Liberté, vous pouvez le conclurre de l'idée même que j'ai de la Liberté.

Quiconque s'ingere de *préfider* dans des Affemblées publiques, fans y être appellé, viole fans contredit la liberté de ces Affemblées. Agiter des Queftions, ou exciter des Difputes qui choquent les oreilles du Public, c'eft fans doute agir contre le refpect qui eft dû à la Societé publique. De tels fujets, ou ne devroient point

point du tout être traitez en
public, ou devroient l'être de
telle maniere qu'ils ne causaf-
sent point de scandale, ou de
désordre. Il n'est jamais permis
de se jouër du Public en face,
ou de lui reprocher ses folies
de sorte qu'on lui donne sujet
de croire qu'on le méprise. Ce
qui est contraire à la Politesse,
est en cette occasion tout aussi
contraire à la Liberté. C'est à
des gens dont les Principes
tendent à établir l'Esclavage,
qu'il appartient d'affecter de la
superiorité sur le *Vulgaire*, &
de mépriser la Multitude.
Pour les vrais Amateurs du
Genre Humain, ils ne peuvent
que respecter & honorer les
Assemblées & les Societez humaines. Et dans les Compagnies & les Lieux où les hommes se trouvent indifférem-
ment & sans distinction, pour
se divertir , ou pour traiter

B 5   d'af-

d'affaires , c'eſt une rude im-
poſition que de les forcer à
entendre des choſes qu'ils
n'aiment point , & de traiter
certains ſujets dans un Langage qui eſt peut-être tout-à-fait
étranger à pluſieurs de ceux
qui ſont préſens. Prendre les
choſes ſur un ton ſi haut, que
le gros de l'Aſſemblée ne puiſſe y atteindre ; reduire les autres au ſilence, & les priver du
privilege de parler à leur tour,
c'eſt confondre l'harmonie
qui doit regner dans les Converſations publiques. Mais
pour les Aſſemblées particuliéres & les Compagnies choi-
ſies où des Amis ſe rendent
préciſément dans la vûë de
s'exercer l'Eſprit , & d'examiner librement toute ſorte de
ſujets, je ne vois pas ſous quel
prétexte on pourroit y blâmer
l'uſage de l'enjoûment & de la
raillerie qui eſt proprement
l'a-

l'ame de ces fortes de converfations, la feule chofe qui rend
la Compagnie agréable, & la
dégage des formalitez atta-
chées aux Affaires, & de l'Efprit dogmatique & imperieux
qui domine dans l'Ecole.

§. VI. P o u r revenir à nôtre
Sujet , fi nos Converfations
d'aujourd'hui roulent principalement fur des bagatelles ;
fi les Entretiens raifonnables,
& fur-tout ceux qui engagent
l'Efprit dans de profondes
fpeculations, font hors de mode, & entierement difgraciez
parce qu'il y faut trop de for-
malité, il eft jufte que l'ufage
de l'enjoûment & de la gayeté
foit d'autant plus autorifé dans
la Converfation. En traitant
ces Sujets abftraits d'une maniére plus libre, ils nous de-
viendront plus agréables &
plus familiers. Nous en ferons
la matiére de nos raifonne-

B 6   mens

mens & de nos difputes auffi
naturellement que de toute
autre chofe. Ces fortes d'entretiens ne gâteront point l'a-
grément des Compagnies, &
ne diminueront en rien la
douceur ou le plaifir d'une
Converfation polie. Et plus
nous les renouvellerons, plus
nous en retirerons de profit.
Nous deviendrons meilleur
Raifonneur en raifonnant
gayement & à nôtre aife, prenant ou quittant ces Sujets
felon que nous le trouverons
à propos. Ainfi tout compté,
je vous avoûë que je ne fuis
nullement fcandalizé de cette
humeur plaifante & railleufe
où vous remarquàtes que nos
Amis s'abandonnoient en traitant des matieres fort importantes. La chofe étoit agréable
en elle-même; & je fus charmé
de l'effet qui en rejaillit fur
toute la Compagnie. La confufion

fufion même par où la Converfation finit, me revient encore dans l'Efprit avec plaifir ;
quand je confidére, qu'au lieu
d'être par là découragez de
recommencer le debat, nous
fûmes plus difpofez à nous re-
voir au plûtôt, & à difputer
fur les mêmes fujets, même
avec plus de liberté & de fatisfaction qu'auparavant.

On s'entretint long-temps,
comme vous favez, fur la
Morale & fur la Religion. Et
parmi les différentes Opinions
que plufieurs avancerent &
foûtinrent avec beaucoup
d'ardeur & d'ingenuité, l'un
ou l'autre prenoit de temps
en temps la liberté d'en appeller au SENS COMMUN. Cha-
cun reconnoiffoit la juftice de
cet appel ; & vouloit bien s'en
tenir aux décifions d'un tel
Juge. Tout le monde étoit
affuré que le Sens commun

B 7   le

le juftifieroit. Mais après qu'ils
furent tous convenus de ce
Juge, & que la caufe eût été
examinée devant fon Tribunal, il ne fut pas poffible d'ob-
tenir un Jugement contradic-
toire. Les Parties n'étoient
pas moins prêtes à renouveller
leur Appel, à la premiére
occafion qui s'en préfentoit,
(car perfonne ne prétendoit
revoquer en doute l'autorité
de ce Tribunal) jufqu'à ce
qu'un de nos Amis, reconnu
pour homme d'Efprit & d'un
Jugement folide, nous pria
gravement de lui dire ce que
c'étoit que le *Sens Commun.*
,, Si par le mot de *Sens*, ajoû-
,, ta-t-il, vous entendez *opinion*
,, & *jugement* ; & par celui de
,, *commun* ; la généralité des
,, hommes, ou une confidera-
,, ble partie du Genre Hu-
,, main, il fera fort mal-aifé
,, de découvrir quel peut être
,, le

,, le fujet où refide le Sens
,, Commun. Car ce qui eft
,, conforme au fens d'une par-
,, tie du Genre Humain, eft
,, contraire au fens d'une au-
,, tre partie. Et fi le plus grand
,, nombre doit déterminer la
,, chofe, l'idée changera auffi
,, fouvent que les hommes ont
,, accoûtumé de changer : de
,, forte que ce qui étoit au-
,, jourd'hui conforme au Sens
,, Commun, y fera contraire
,, demain, ou peu de temps
,, après."

Mais quelque différens que
foient les jugemens des hommes fur la plûpart des matiéres, quelqu'un dit, s'il vous
en fouvient, qu'il y avoit
pourtant certains Sujets fur
quoi l'on devoit reconnoître
que tous les hommes étoient
d'accord, & avoient les mêmes
penfées en commun. On de-
manda encore, *où fe trouvoient*

ces

ces Sujets? ,, Car, difoit-on,
,, tout ce qui eft de quelque
,, importance peut être réduit
,, à ces trois Chefs, la *Religion*,
,, la *Politique*, ou la *Morale*.

,, Pour la différence d'opi-
,, nions en fait de RELIGION,
,, il n'étoit pas néceffaire d'en
,, parler, tant la chofe étoit
,, connuë de tout le Monde,
,, & fe faifoit fi bien fentir aux
,, Chrétiens en particulier par
,, les funeftes & terribles é-
,, preuves qu'ils en avoient
,, fait l'un aux dépens de l'au-
,, tre, chacun à fon tour. Car
,, chaque Secte particuliére
,, avoit fait tout fon poffible
,, pour établir fon Syftême ;
,, & celle à qui il écheoit d'a-
,, voir la force en main, ne
,, manquoit jamais de mettre
,, tout en œuvre pour faire
,, que fon Sens particulier
,, devint le Sens public. Mais
,, on n'a rien gagné par là. Le
Sens

„ Sens commun est toûjours
„ demeuré aussi indécis que la
„ signification des mots *Catho-*
„ *lique* , & *Orthodoxe.* Ce que
„ l'un jugeoit un Mystere in-
„ concevable , l'autre le
„ croyoit très-facile à com-
„ prendre ; & ce que l'un trai-
„ toit d'absurdité , l'autre le
„ prenoit pour une Démons-
„ tration.

„ A l'égard de la POLITIQUE
„ on étoit également en peine
„ de déterminer où l'on pour-
„ roit trouver le Sens com-
„ mun. Si le Sens des *Anglois*
„ ou des *Hollandois* étoit juste
„ & droit , il falloit certaine-
„ ment que celui des *Turcs* &
„ des *François* fut faux & très-
„ mal fondé. Et quelque absur-
„ de que parut à quelques-uns
„ de nous l'obéïssance passive,
„ nous trouvâmes que c'étoit
„ le Sens commun d'un grand
„ Parti en *Angleterre* , d'un
„ Part;

I.
PART.

,, Parti encore plus grand en
,, *Europe* , & peut-être de la
,, plus grande partie de tout
,, le reſte du Monde.

,, Pour la MORALE, la dif-
,, férence y étoit peut-être
,, encore plus vaſte. Car ſans
,, mettre en ligne de compte
,, les Opinions & les Coûtu-
,, mes de tant de Nations bar-
,, bares , & qui croupiſſent
,, dans une craſſe ignorance ,
,, nous obſervâmes que le
,, petit nombre de ceux qui
,, ont fait le plus de progrès
,, dans les Belles-Lettres &
,, dans la Philoſophie, ne pou-
,, voient point convenir d'un
,, ſeul & même Syſtême , ou
,, reconnoître les mêmes
,, Principes de Morale; & que
,, quelques-uns de nos Philo-
,, ſophes Modernes * les plus

ad-

* Je n'ai pû découvrir de moi-même à
qui en veut ici mon Auteur : mais un de mes
Amis qui a frequenté long-temps en *Angleterre*

„ admirez nous avoient dit
„ nettement qu'après tout la
„ Verité & le Vice n'avoient
„ point d'autre Loi ni d'autre
„ Mefure que l'ufage & la
„ coûtume. ”

On auroit peut-être eû droit
de blàmer la conduite de nos
Amis, s'ils n'euffent traité de
cette maniére que les plus
graves fujets ; & qu'ils euffent
laiffé échapper les plus frivoles. Car dans cette partie de
nôtre vie que nous donnons
au divertiffement & à la joye,
nos folies y paroiffent avec un
air auffi grave que nos occu-
pations les plus ferieufes. Lorfqu'on eft d'humeur de rire, le
mal n'eft pas de plaifanter ,
mais de ne pouffer la plaifanterie

terre les meilleures Compagnies, & qui connoît les bons Livres de ce Païs-là , m'a affuré qu'il s'agit ici de Mr. *Locke* , qui dans
fon *Effai fur l'Entendement* appelle la Vertu
la *Loi d'Opinion* (Liv. II. Chap. 28. §. 7. 10.)
& la *Loi de Coûtume* , §. 13.

rie qu'à moitié chemin. Le
faux ferieux eft tourné en ridicule : mais on fait grace à la
fauffe plaifanterie : & par ce
moyen elle nous feduit tout
comme le ferieux le plus mal
fondé. Nos divertiffemens,
nos jeux, nos amufemens nous
paroiffent des chofes ferieufes.
Nôtre Efprit tout occupé de
fonges & de vifions, contem-
ple des felicitez, des poffef-
fions, & des jouïffances qui
n'ont rien de réel ou de certain par rapport à nous ; &
cependant, nous les pourfui-
vons comme les chofes du
monde les plus connuës & les
plus certaines. Il n'y a rien de
plus fou & de plus trompeur
qu'un *Pyrrhonifme partial.*
Car tandis que le doute eft
feulement fixé d'un côté, la
certitude devient d'autant
plus forte de l'autre : lorfque
la folie paroît ridicule, confi-
derée

derée feulement dans un fens, elle n'en eft, de l'autre, que plus grave & plus trompeufe.

Mais nos Amis n'avoient garde de donner dans ce piége. Ils font trop bons Critiques, & trop fincéres dans la maniére dont ils mettent en queftion les Opinions communément reçûes, & dont ils relevent le ridicule des chofes. Et fi vous voulez me permettre de continuer à leur exemple fur le même ton, je me hazarderai de pouffer l'épreuve jufqu'au bout; & d'effayer quelle certitude peut être recouvrée felon cette même méthode, par laquelle vous croyiez qu'on alloit anéantir toute Certitude, & introduire un Pyrrhonifme univerfel, & fans bornes.

S 1

§. 1. SI un homme né en E-
thiopie, étoit tranſpor-
té tout d'un coup en *Europe*,
& qu'il ſe trouvât, ou à *Paris*,
ou à *Veniſe*, durant le temps
du Carnaval , qu'on n'y voit
preſque perſonne qui ne ſoit
déguiſé & maſqué , il y a apparence, que pendant quelque
temps il ne ſauroit que juger
de ce ſpectacle , juſqu'à ce
qu'il en eût découvert le veritable deſſein, ne s'imaginant
pas que tout un Peuple pût
être ſi bizarre que de ſe tra-
veſtir eux-mêmes d'un commun accord & à point nom-
mé;de faire de ce déguiſement
une pratique ſolemnelle pour
ſe tromper les uns les autres,
par cette confuſion univerſelle
de perſonnes & de caractéres.
Mais quoi que d'abord il pût
regarder tout cela d'un œuil
ſerieux , à peine lui ſeroit-il
poſſible

possible de ne pas perdre contenance , dès qu'il auroit découvert le but de cette *Momérie*. Les *Européens* , à leur tour, riroient peut-être de sa simplicité. Mais nôtre *Ethiopien* riroit sans doute avec plus de fondement : & il est aisé de voir qui des deux seroit veritablement ridicule. Car celui-là est doublement ridicule qui rit dans le temps qu'il est ridicule lui-même. Quoi qu'il en soit, s'il arrivoit que dans la passion de rire , nôtre *Ethiopien* ayant encore la tête toute pleine de masques, & ne connoissant point le teint blanc & l'habit ordinaire des *Européens* , se mit à rire d'aussi bon cœur qu'auparavant à la vûë d'un *Européen* qui feroit sans masque , & habillé tout simplement à la mode du Païs , ne deviendroit-il pas ridicule à son tour,

en

en pouſſant la raillerie trop loin? N'auroit-on pas droit de ſe moquer de lui, de ce que par un ſot préjugé, il regarderoit la Nature comme un pur artifice, & prendroit peut-être un homme ſage & bien reglé pour un de ces Maſques extravagans?

Il y a eû un temps auquel les Hommes uniquement reſponſables de leurs actions & de leur conduite, étoient maîtres abſolus de leurs Opinions. Ils avoient la liberté d'être auſſi différens les uns des autres à cet égard, qu'à l'égard de leurs Viſages. Chacun prenoit l'air qui lui étoit naturel. Mais dans la ſuite, on jugea à propos de régler le maintien des hommes, & de rendre, ſi j'oſe ainſi dire, leur complexion intellectuelle, entiérement uniforme. Ainſi, le Magiſtrat devint *Coiffeur* ; & fut

fut coiffé à son tour ; après
avoir cedé ce droit à un nouvel Ordre de *Coiffeurs*. Mais
quoi qu'on tombât génerale-
ment d'accord qu'il n'y avoit
qu'une maniére de coiffer qui
fut la veritable ; & qu'un seul
air particulier auquel tout le
monde fut nécessairement o-
bligé de se conformer, cependant par un grand malheur le
Magistrat ni les Coiffeurs eux-
mêmes ne pouvoient point
déterminer quelle étoit parmi
tant de différentes modes la
seule exactement veritable. Je
vous laisse à penser quel effet
cela a dû produire necessaire-
ment dans le monde, lorsque
les hommes ont été persecutez
par-tout sur leur air & leur
maintien; & qu'ils ont été ré-
duits à ajuster & à composer
leur mine sur un certain modelle, dans le temps qu'il y
avoit mille modelles en usage,

C   &

& auxquels on faifoit des changemens à toute heure , felon l'humeur & la fantaifie des Temps. C'étoit là , fans doute, le vrai moyen de défigurer le maintien des hommes, de gâter les traits naturels de leurs Vifages, de leur donner un air forcé , & de les rendre prefque méconnoiffables.

Mais quoi que ce foin trop paffionné qu'on a eû de fauver le teint des hommes & de régler leur ajuftement, ait changé la face générale des chofes, & en aît comme banni l'air fimple & naturel , il ne faut pourtant pas s'imaginer que tous les Vifages foient plâtrez également. Tout n'eft pas fard, ou vernis. Malgré tous ces faux mafques dont on a voulu couvrir le vifage de la Verité , il n'en eft pas moins beau. Il faut toûjours fe reffouvenir souvenir du Carnaval : de ce qui a été l'occasion d'un désordre si bizarre & si étrange ; qui en ont été les Instituteurs, & dans quel dessein on a engagé les hommes dans un tel amusement. Nous pouvons rire tant que nous voudrons d'un tel artifice ; & si l'humanité nous le permet , nous divertir même de la folie & de l'extravagance de ceux dont on se joüe ainsi par ces impostures. Mais avec tout cela, il faut toûjours se ressouvenir de l'*Ethiopien*, & avoir soin de ne pas devenir plus ridicules que ceux dont nous prétendons nous moquer , en prenant la pure & simple Nature pour un Masque.

Si vous eussiez vêcu en *Asie* dans le temps que les Mages par une imposture insigne † s'emparerent de l'Empire des

C 2

des

---

† *Justin*, Liv. I. chap. 9.

des *Perses*, vous auriez eu, sans doute, de l'horreur pour cette action ; & peut-être auriez-vous conçu tant d'horreur pour leurs Personnes, qu'après avoir appris leurs fourberies & leurs infolences, vous auriez pû les voir mettre à mort d'un œuil auffi indifférent que nos Ancêtres virent en *Europe* la deftruction des *Templiers*, Corps Politique, à peu près femblable à celui des Mages, qui s'étoit prefque mis au deffus du Souverain Magiftrat. Vous auriez peut-être pouffé l'emportement jufqu'à propofer qu'on rasât tous les Monumens de ces Ufurpateurs; & qu'on détruifît même les Maifons qui leur avoient fervi de demeure. Mais s'il fut arrivé que ces Mages euffent, durant leur Regne, ramaffé quantité de bons Livres, ou qu'ils euffent eux-mê-

mêmes compofé des Ecrits fur la Phyfique, ou fur la Morale, ou fur quelque autre Science, auriez-vous porté vôtre ref- fentiment jufqu'à détruire auffi ces Livres, & à condam- ner toute Opinion, toute Doc- trine embraffée par les Mages, par la feule raifon que les Mages les auroient embraf- fées ? Je doute qu'un *Scythe* ou un *Tartare* pût agir & rai- fonner d'une maniére fi abfur- de. A plus forte raifon fuis-je affuré, mon cher Ami, que vous n'auriez pas pouffé vôtre zele jufqu'à ce point de bar- barie. Car, à parler ferieufe- ment, exterminer une Doc- trine Philofophique par la haine qu'on porte à une cer- taine Perfonne, c'eft un pro- cedé auffi extravagant que celui de ces *Tartares*, qui, dit-on, tuent un homme pour

heriter

heriter de fa Science, & lui piller fon Efprit.

J'avouë que, fi les Statuts & les régles de cette ancienne Hierarchie euffent été toutes femblables à la Loi fondamentale de cet Ordre même, on auroit pû les fupprimer avec beaucoup de juftice. Car on ne peut la lire fans horreur cette Loi déteftable qu'un ancien * Poëte Latin nous a a confervé en ces termes,

Nam Magus ex Matre & Gnato nafcatur oportet.

Mais permettez-moi de fuppofer que ces Mages ayant confidéré qu'ils devoient tâcher de prévoir par de beaux Principes l'eftime des hommes, afin de mieux cacher leurs pratiques, firent profeffion de la Morale la plus pure & la plus fublime. Peut-être jugerent-ils qu'il étoit de leur interêt

* *Catul.* Epigr. in *Gellium* p. 315. Ed. *If. Voffii.*

intérêt de recommander une
extrême pureté dans la Religion, & la plus parfaite inte-
grité dans les mœurs. Peut-
être aussi qu'en général ils
prêchoient la Charité, & l'Humanité. Peut-être qu'ils fai-
soient voir la Nature humaine
par son plus beau côté ; &
qu'ils joignoient à leurs Loix
particuliéres & à leurs Regle-
mens politiques la plus saine
Morale, & la meilleure Doctrine du monde.

Cela posé, que faire en cette
occasion? Comment auroit-il
fallu se conduire avec cet Ordre de gens dans le temps que
leur Fourberie fut découverte, & leur Empire ruïné ?
Falloit-il d'abord faire main-
basse sur leurs Systêmes ; attaquer sans distinction toutes
leurs Doctrines ; & ériger une
Philosophie diametralement
opposée à la leur? Falloit-il se
dé-

déclarer contre tout Principe de Religion & de Morale ; nier qu'il y eut dans le cœur de l'Homme aucune Affection naturelle & sociale ; & mettre tout en œuvre pour engager les hommes à se traiter en Loups les uns les autres , en les décrivant comme de veritables Loups , & en tâchant de leur persuader qu'ils étoient des Créatures beaucoup plus monstrueuses & plus corrompuës que le plus méchant des hommes ne peut le devenir avec les plus mauvaises intentions du monde ? Sans doute , direz-vous , ç'auroit été là une méthode fort absurde , & dont personne n'auroit pu s'aviser que de pauvres Genies que la crainte des Mages auroit en quelque forte mis hors du sens.

Il s'est pourtant trouvé *

par-

* En *Angleterre.*

parmi nous * un Philofophe habile & plein d'Efprit qui a été fi fort pénétré de cette efpece d'horreur, qu'il a donné directement dans la penfée d'exterminer généralement tout ce qui concerne la Politique & la Morale. La frayeur qu'il conçut à la vuë des † Puiffances qui avoient alors l'adminiftration des affaires , après s'être emparé injuftement de l'autorité du Peuple, lui infpira une telle horreur pour tout *Gouvernement Populaire* , & pour l'idée même de la Liberté, qu'afin d'étouffer pour toûjours cette idée, il recommande l'extinction des Lettres , & exhorte les Princes à ne pas épargner

C 5 même

---

* *Hobbes*, dont le nom eft connu de tous les gens de Lettres.

† Le Parlement d'*Angleterre* , en guerre ouverte avec le Roi *Charles* I. & *Cromwel* qui s'empara du Pouvoir Souverain, après que cet infortuné Prince , tombé entre les mains de fes Ennemis, eût perdu la tête.

même un feul Hiftorien ancien, Grec ou Latin. Serieu-
fement, n'y a-t-il pas quelque
chofe de Gothique dans ce
procedé? Et nôtre Philofophe
ne tient-il pas un peu du Sauvage en apparence, traitant la
Philofophie & la Science ,
comme on dit qu'*Anacharfis*
& d'autres furent traitez par
les *Scythes*, pour avoir été vi-
fiter les Sages de *Gréce* , &
avoir appris les maniéres d'un
Peuple poli ?

Ce Philofophe n'a pas fait
plus de quartier à la Religion
qu'à la Liberté. Les mêmes
temps lui rendirent la Religion redoutable. Il n'avoit
devant les yeux que les rava-
ges * du Fanatifme, & l'artifice
de

___

* On peut voir dans la *Bibliotheque Choi-
fie* Tom. XVIII. pag. 76. 77. & 110. de quel
Efprit étoient animez les Théologiens du
Parti qui s'étoit déclaré contre *Charles* I.
& quel ufage ils firent de la Religion pour
venir à bout de leurs deffeins.

de ceux qui ayant excité cet Efprit en *Angleterre*, prirent foin de l'y entretenir. Le bon homme, fociable dans le fond, malgré tous les beaux raifon-nemens dont il s'étoit avifé pour faire qu'on le regardàt lui & tout le refte des hommes, comme des créatures fauvages & infociables , s'expofa à de grands dangers durant toute fa vie, & fe donna une peine infinie , afin qu'après fa mort nous fuffions délivrez de tous ces fujets de crainte, que pro-duifoit, felon lui , une fauffe idée du Gouvernement , & l'attachement à un certain culte de la Divinité. Il mit tout en œuvre pour nous faire voir que nous étions feduits par nos Gouverneurs , tant à l'égard de la Religion qu'à l'égard de la Morale ; qu'il n'y avoit rien qui nous portât na-turellement à une vie reli-

C 6   gieufe

gieufe ou morale ; rien qui
nous engageât à aimer autre
chofe que nous-mêmes , ou
quoi que ce foit hors de nous.
Et cependant l'amour de ces
Maximes qui lui paroiſſoient
des Veritez ſi capitales & ſi
importantes, le rendit le plus
laborieux de tous les hommes,
l'engagea à compofer pour
nôtre uſage des Syſtèmes ſur
ces fortes de Principes, & le
força, malgré * ſa timidité naturelle, à s'expofer ſans ceſſe
à un danger éminent de devenir Martyr pour nous tirer
d'efclavage.

Permettez-moi donc, mon
cher Amí, de prévenir ici vôtre gravité, en vous aſſûrant
qu'il n'y a pas tant à craindre
qu'on ſe l'imagine ordinairement, de la part de ces ardens
En-

* Il eſt certain qu'*Hobbes* étoit naturellement fort craintif. Il y a encore en *Angleterre* des perſonnes qui l'aſſûrent , pour en
avoir fait l'experience eux-mêmes.

Ennemis de la superstition, à qui les Principes mêmes de la Religion ou de la Morale sont suspects. Quelque sauvage que paroisse leur Philosophie, ils sont, dans le commerce de la Vie, aussi *civils* qu'on peut le desirer. La liberté avec laquelle ils communiquent leurs Principes , en est une bonne preuve : rien ne fait mieux sentir qu'ils sont sociables au dernier point.

A la verité, si l'on nous cachoit ces Principes , & qu'on nous en fit un *Mystére* , ils pourroient devenir importans. Bien des choses deviennent considérables par cela seul qu'on les tient secrettes dans une certaine Secte , ou dans un certain Parti : & rien ne contribuë plus à leur donner un nouveau prix que l'antipathie & l'éloignement d'un Parti opposé. Si dès que nous

C 7   en-

entendons des Maximes qui
paſſent pour empoiſonnées ,
nous paroiſſons conſternez &
ſaiſis d'horreur, nous ne ſommes nullement en état de faire
uſage de nôtre Raiſon d'une
maniére libre & familiére ; ce
qui eſt pourtant le meilleur
antidote dont on puiſſe ſe ſervir dans cette rencontre. La
ſeule choſe qui empoiſonne
la Raiſon, c'eſt la Paſſion. Car
la Paſſion une fois bannie, un
faux raiſonnement eſt bien-tôt
redreſſé. Mais ſi la ſimple ouïe
de certaines Propoſitions Phi-
loſophiques ſuffit pour émouvoir nos paſſions, il eſt viſible
que le poiſon s'eſt déja inſinué
dans nôtre cœur ; & que nous
ne ſommes plus en état de
nous ſervir de nôtre Raiſon.

Sans ces ſortes de préjugez;
qui pourroit , par exemple ,
nous empêcher de nous di-
vertir de l'imagination de ces
Re-

Reformateurs modernes dont
nous venons de parler ? Sup-
pofons qu'un de ces *Anti-Ze-*
lateurs , tout plein de fes rai-
fonnemens meditez à loifir ,
vienne nous affûrer gravement
& de fens froid, ,, Que nous
,, fommes les plus trompez de
,, tous les hommes , de nous
,, figurer qu'il y ait rien de
,, tel que Fidelité , ou Juftice
,, naturelle, parce que ce n'eft
,, que la Force & la Puiffance
,, qui ont introduit la Juftice
,, parmi les hommes: Que dans
,, le fond la Vertu n'eft qu'un
,, Etre chimerique , qui n'a
,, aucune exiftence réelle ;
,, Qu'il n'y a nulle part dans
,, le Monde aucun Principe
,, d'ordre, nul charme fecret,
,, nulle force de Nature qui
,, faffe que chaque homme
,, travaille volontairement ou
,, involontairement pour le
,, Bien public , de forte qu'il
foit

„ foit puni & tourmenté s'il
„ fait le contraire ? " Que di-
rions-nous à cet homme ?
Ne voyez-vous pas que le
charme lui-même opere fur
lui dans ce même inftant ?
„ En verité, Monfieur, pour-
„ rions-nous lui dire, la Phi-
„ lofophie que vous avez dai-
„ gné nous reveler , eft fort
„ extraordinaire. Nous vous
„ fommes bien obligez de vos
„ inftructions. Mais, je vous
„ prie, d'où vient ce zele que
„ vous faites paroître en nô-
„ tre faveur ? Quelle liaifon
„ y a-t-il entre Vous & Nous?
„ Etes-vous nôtre Pere ? Ou
„ fi vous l'étiez, fur quoi fon-
„ dé cet interêt que vous
„ prenez en nous ? Y a-t-il
„ donc quelque chofe dans le
„ Monde qu'on peut appeller
„ *affection naturelle?* Et s'il n'y
„ a rien de tel , pourquoi
„: prendre tant de peine ,
pour-

,, pourquoi vous expofer à
,, tant de perils pour l'amour
,, de nous ? Pourquoi ne gar-
,, dez-vous pas ce fecret pour
,, vous-même ? Que gagnez-
,, vous à nous tirer d'erreur ?
,, Plus il y aura de gens dans
,, l'illufion, mieux ce fera pour
,, vous. Vous agiffez directe-
,, ment contre vos propres
,, interêts en nous détrom-
,, pant , & en nous faifant
,, voir que ce n'eft que vôtre
,, Interêt particulier qui vous
,, gouverne ; & que nous avec
,, qui vous converfez, ne de-
,, vrions point être détermi-
,, nez par un motif plus no-
,, ble , & plus généreux. A-
,, bandonnez-nous à nous-
,, mêmes. Laiffez-nous à la
,, merci de cet artifice qui fert
,, heureufement à dompter
,, nôtre ferocité naturelle, & à
,, nous rendre auffi doux que
,, des *agneaux*. Il n'eft pas à
propos

II. PART. „ propos que nous sachions, „ que nous sommes tous * de „ nôtre nature de veritables „ *Loups*?" Mais est-il possible, que qui se seroit effective-vement reconnu tel lui-même , voulût prendre la peine de communiquer à d'autres cette découverte ?

§.II. En verité , mon cher Ami , il me semble qu'on peut fort bien se dispenser de prendre un air sévére , quand on est obligé de défendre la Vertu contre de tels Antago-nistes , qui sont si différens dans la pratique de ce qu'ils voudroient paroître dans la speculation. Je sai qu'il y a des Fourbes par Principe , aussi bien que par pratique ; gens qui s'imaginent que la Probité,

* Un des grands Principes d'*Hobbes*, c'est que *naturellement l'homme est un Loup à l'homme*. HOMO HOMINI LUPUS; c'est une espece de Proverbe qu'on trouve dans *Plaute* , Asinar. Act. II. Scen. IV. 88.

Probité, non plus que la Religion, n'eſt qu'artifice & que tromperie; & qui par un raiſonnement bien lié ſont reſolus de faire tout ce que la Force ou l'Artifice les mettra en état d'executer pour leur avantage particulier. Mais les gens de cette trempe ne ſe découvrent jamais aux autres par amitié. Ils n'ont point tant de paſſion pour la Verité, ni tant d'amour pour le Genre Humain. Sans attaquer ouvertement la Religion ou la Morale, ils ſavent très-bien faire uſage de l'une & de l'autre dans l'occaſion. S'ils découvrent leurs Principes, ce n'eſt jamais que par imprudence. Ils ont ſoin de prêcher hautement la Vertu, & d'aller regulierement à l'Egliſe.

Pour ces Meſſieurs dont je fais l'apologie, on ne doit pourtant pas les mettre au
rang

rang des *Hypocrites*. Ils parlent d'eux-mêmes tout auſſi
mal qu'ils peuvent. S'ils ont
mauvaiſe opinion de la Nature
Humaine, c'eſt toûjours une
preuve de leur humanité
qu'ils veuillent bien en avertir
le Monde. S'ils nous repréſentent les hommes, *traîtres* &
ſauvages de leur nature, c'eſt
par amour pour le Genre
Humain, & de peur que les
hommes ne ſoient aiſément
trompez, pour avoir trop de
douceur, & trop de confiance
à leurs ſemblables.

Naturellement les Impoſ-
teurs diſent tout le bien imaginable de la Nature humaine,
afin d'en pouvoir faire leur
jouët plus facilement. Ces
Meſſieurs-là, au contraire, en
diſent tout le mal poſſible; &
ils aiment mieux être eux-mêmes en mauvaiſe odeur, que
de voir que peu de gens im-
poſent

posent au plus grand nombre. Car l'opinion qu'on a de la bonté de quelqu'un, fait qu'on se fie aisément à lui ; & c'est la confiance qui nous soûmet au pouvoir d'autrui , nôtre Raison elle-même se trouvant captivée par ceux en qui nous avons insensiblement une foi implicite. Mais si nous nous supposons de vrais Sauvages, l'un par rapport à l'autre , nous prendrons tous plus de soin d'être moins à la merci les uns des autres ; & si nous avons dans l'Esprit que tous les hommes aspirent à une puissance illimitée , nous ferons d'autant mieux en état d'éviter ce piége , non en donnant toute l'autorité à un seul, comme le vouloit * le Défenseur

* *Hobbes* , qui n'approuvoit qu'un Gouvernement Monarchique & absolu ; en quoi il a été abandonné, comme on nous l'apprend dans ce Paragraphe, par ceux qui aujour-

II. PART. feur de cette Hypothefe, mais en partageant comme il faut le Pouvoir, de forte qu'il foit dans un jufte équilibre , & reftreint par de bonnes Loix, & par des limitations qui mettent en fureté la Liberté publique.

Si vous me demandiez après cela ce que je penfe de ces Meffieurs, & fi je crois qu'en effet ils foient pleinement perfuadez des Principes qu'ils avancent fi fouvent en compagnie, je vous dirois , que, quoi que je ne prétende pas mettre abfolument en queftion leur fincerité , il y a pourtant plus de myftere dans leur procedé , qu'on n'a crû jufqu'ici. Peut-être que nos gens d'Efprit ne prennent point tant de plaifir à époufer ces

jourd'hui défendent en *Angleterre* fes Principes fur l'origine de la Société & fur la Morale.

ces Syſtêmes éloignez des notions communes, par la raiſon qu'ils en ſont en effet fort ſatisfaits eux-mêmes, mais plûtôt afin de pouvoir être mieux en état d'attaquer quelques autres Syſtêmes qui par de belles apparences ont, à ce qu'ils croyent, contribué à mettre le Genre Humain dans l'eſclavage. Ils s'imaginent qu'à la faveur de ce Pyrrhoniſme général, qu'ils voudroient introduire dans le Monde, ils maîtriſeront plus facilement l'Eſprit dogmatique qui prévaut en certains Sujets. Après avoir accoûtumé les hommes à ſouffrir la contradiction ſur les matiéres les plus importantes, & à permettre qu'on diſpute en général ſur la nature des choſes, ils concluent qu'il ſera alors plus ſûr de raiſonner ſeparément ſur certains Points délicats qui

qui ne leur paroiſſent pas fort évidens. Et peut-être pourrez-vous encore mieux voir par là d'où vient que l'Eſprit de plaiſanterie eſt ſi fort en vogue dans la converſation , & qu'on y affecte d'embraſſer certaines Opinions par la ſeule raiſon qu'elles ſont étranges & éloignées des Notions ordinaires.

§. III. MAIS condamne qui voudra ce tour d'Eſprit. Pour moi, je ne redoute pas beaucoup un tel Pyrrhoniſme. Il eſt vrai que les hommes peuvent être ſi fort confondus par différentes opinions & par différens Syſtêmes dont on leur impoſe la créance avec autorité, qu'ils en viennent à perdre abſolument le goût & l'idée de la Verité. Je comprens aiſément quel eſt l'effet qu'une crainte reſpectueuſe peut produire ſur l'Entendement

ment Humain. Je vois fort bien que la peur peut leur faire perdre l'Efprit , mais je ne comprens pas que la Plaifanterie puiffe produire le même effet. Je ne faurois me figurer qu'on puiffe par quelques traits de raillerie les dégoûter de l'amour de la Societé , ou d'un fentiment qui leur eft infpiré par le Sens commun. L'enjoûment accompagné de civilité ne fauroit nuire à une caufe pour laquelle je m'intereffe fincerement : & des fpeculations Philofophiques, maniées avec politeffe , ne peuvent jamais nous rendre plus fauvages , ou plus groffiers. Ce n'eft pas de ce côté-là , à mon avis , qu'un debordement de barbarie eft à craindre. Et autant que j'en puis juger par mes propres obfervations , la Vertu n'eft jamais tant expofée par des attaques formelles

D &

& directes, que par des trahi-
sons secrettes. Je ne crains
pas tant ses Antagonistes qui
en exerçant leur Esprit contre
elle, lui donnent de l'exercice,
& la réduisent à se mettre sur
la défensive , que ses tendres
Protecteurs qui l'embrassant,
pour ainsi dire , avec trop
d'ardeur, font sujets à l'étouffer.

J'ai vû un Bâtiment, qui par
trop de précaution a été si
fort étayé & relevé du côté
que les Ouvriers le croyoient
trop panché , qu'il s'est enfin
renversé sur le côté opposé.
Il est peut-être arrivé quelque
chose de pareil dans la Morale. Les Hommes n'ont pas
voulu se contenter de faire
valoir les avantages de l'Honnêteté & de la Vertu. Mais
plûtôt ils les ont rabaissez ,
s'imaginant que par ce moyen
ils mettroient d'autant mieux
en

en credit une autre forte de Principe. Ils ont rendu la Vertu fi mercenaire, & ont tant parlé de fa récompenfe, qu'on a de la peine à dire ce qui lui refte après tout qui peut être digne de récompen-fe. Car être porté à bien vivre, feulement par l'Efpe-rance ou par la Crainte, cela ne fuppofe pas beaucoup d'honnêteté réelle, ou de ve-ritable merite. Nous pouvons faire, il eft vrai, tel marché que nous jugeons à propos, & accorder par grace tout le furplus que nous voulons. Mais il n'y a ni grandeur ni fageffe à recompenfer volon-tairement ce qui n'a en foi rien d'eftimable. Et fi la Vertu n'eft pas réellement eftimable par elle-même, je ne vois pas quel merite il peut y avoir à l'embraffer en confidération d'un marché fait.

Si

Si l'amour de faire du bien,
n'eſt pas en ſoi une inclination
bonne & *droite*, je ne comprens
pas comment il peut y avoir
telle choſe que *Bonté*, ou
Vertu. Et ſi l'inclination eſt
bonne en elle-même, c'eſt la
corrompre* que de l'attacher
uniquement à la Récompen-
ſe, comme ſi elle tiroit de là
toute ſa force ; & de nous
prôner les merveilles des graces qui accompagnent la Vertu, tandis qu'on nous fait ſi peu
ſentir le merite ou le prix interieur de la Vertu même.

Je ſerois preſque tenté de
croire que la veritable raiſon
pourquoi l'on nous parle ſi
peu, dans nôtre ſainte Religion, de quelques-unes des
plus heroïques vertus, c'eſt
parce

* L'Auteur n'attaque ici que le ſentiment
particulier de quelques Theologiens qui
font dépendre toute la neceſſité de bien vivre de la récompenſe que la Religion Chré-
tienne a attaché aux actions vertueuſes.

parce qu'il n'y auroit plus de lieu au defintereffement , fi ces Vertus avoient été admifes au partage des Récompenfes infinies que la Providence a affigné aux autres Devoirs par la Revelation. Les *amitiez particuliéres* , le *Zele pour le Public & pour la Patrie* font des Vertus purement volontaires dans un Chrétien. Elles ne font point une partie effentielle de fa Charité. Les affaires de cette Vie ne l'intereffent point tant ; & il n'eft pas obligé d'entrer avec ce Monde dans des engagemens qui ne lui fervent de rien pour en acquerir un meilleur. Sa converfation eft dans les Cieux ; & il n'a pas befoin ici bas de ces foins & de ces embarras furnumeraires qui pourroient l'arrêter dans fa Courfe vers ce bienheureux Séjour, ou le retarder dans la

D 3   tache

tache qui lui eſt impoſée de travailler ſoigneuſement à ſon propre ſalut. Si cependant quelque récompenſe eſt reſervée après cette vie au généreux Amateur de ſa Patrie ou au parfait Ami, heureuſement cela nous eſt encore caché , afin que nous puiſſions mieux meriter cette récompenſe , quand elle viendra.

A la verité , il paroît que ſous l'Oeconomie Judaïque il y avoit de fameux Exemples de ces Vertus, & qu'ils nous étoient en quelque maniére recommandez comme honorables & dignes de nôtre imitation. *Saül* lui-même, tout méchant Prince qu'on nous le repréſente , paroît avoir été reſpecté & loué pendant ſa vie & après ſa mort , en conſidération de l'amour qu'il avoit pour ſon Païs Natal. Et cette illuſtre amitié que ſon

Fils,

Fils, & fon Succeffeur con- tracterent enfemble, nous donne une noble idée d'une Amitié, où l'interêt, du moins d'un côté, n'avoit abfolument rien à démêler. Mais la Vertu heroïque de ces grands hommes ne reçut point d'autre tribut que celui de l'approbation publique, & ne pouvoit pas prétendre à une Récompenfe à venir, fous une Religion qui ne parloit point d'une autre vie après celle-ci, & qui ne propofoit que des récompenfes ou des peines temporelles, marquées expreffément dans la Loi Ecrite.

Ainfi les Juifs, auffi bien que les Payens, étoient abandonnez à leur Philofophie, pour être inftruits de ce qu'il y a de plus fublime dans la Vertu, & portez par raifon à ce qui ne leur étoit pas enjoint par un Commandement

D 4   pofitif.

poſitif. Comme il n'y avoit ni récompenſe ni peine propoſée dans ces ſortes de cas, le deſintereſſement avoit lieu ; la Vertu étoit un parti libre ; & la magnanimité de l'action étoit parfaite. Qui vouloit être généreux, en avoit le moyen. Quiconque vouloit entrer dans des liaiſons étroites d'amitié, ou ſervir ſon Païs aux depens de ſa vie, pouvoit le faire par les plus purs motifs, par la ſeule raiſon que fournit le *Dulce* & le *Decorum*, le plaiſir & l'honneur de bien faire ; parce que la choſe étoit belle, attrayante, & honorable. Or que ce ſoit là encore une bonne raiſon, une raiſon conforme au Sens commun, c'eſt ce que je vais tâcher de vous prouver. Car je me croirois fort ridicule de m'emporter contre qui que ce ſoit qui me jugeroit malhon-

honnête homme, ſi je ne pou-
vois pas rendre raiſon de mon
honnêteté , ni faire voir ſur
quel Principe je différe d'un
Fripon.

§. I. ON diroit que *Juve-*
nal a parlé avec trop
d'aigreur de la Nobleſſe & de
la Cour de *Rome* , lorſque
bien loin de les regarder comme le modelle de la politeſſe
& du Bon Sens , il en donne
une idée directement contraire par ces mots,

* *Rarus enim fermè* Senſus communis *in illâ*
Fortuitâ.

Mais quelques-uns des plus
ingenieux Commentateurs
donnent à ce paſſage un ſens
fort différent de celui qu'on
a accoûtumé de lui donner.

D 5   A

---

* *Juven.* Sat. VIII. ℣. 73.

III.
PART. A la faveur d'une derivaison
Gréque ils font fignifier au
mot *Senfus communis* dont fe
fert le Poëte , l'attachement
au bien public & à l'interêt
commun, l'amour de la Societé, l'affection naturelle, l'humanité , l'inclination à faire
du bien , ou cette forte de
civilité qui naît d'un jufte
fentiment des Droits com-
muns au Genre Humain , &
de l'égalité naturelle qui eft
entre des Créatures de la
même efpece.

Et en effet , à confidérer
exactement la chofe , il doit
paroître un peu étrange ,
qu'un Poëte auffi judicieux
que *Juvenal* , ait refufé l'habileté & l'efprit à une Cour
comme celle de *Rome*, même
fous un *Tibere* ou un *Neron*.
Mais pour ce qui eft de l'humanité ou du fentiment du
Bien public & de l'Interêt
commun

commun du Genre Humain, ce n'étoit pas pouſſer la ſati- re fort loin que de mettre en queſtion ſi c'étoit là verita- blement *l'Eſprit de la Cour.* Il étoit au contraire mal-aiſé de comprendre quelle idée de *Communauté* pouvoit ſubſiſter parmi des Courtiſans corrom- pus par le luxe, & par un ex- cès d'orgueil ; & entre un Prince abſolu & des Sujets li- vrez à ce que l'Eſclavage a jamais eu de plus rampant. Et à l'égard d'une Societé réelle, comment pouvoit-elle ſe trou- ver parmi des gens qui ne penſoient qu'à leur interêt particulier ?

Nôtre Poëte n'eſt donc pas ſi outré dans ſa cenſure qu'on pourroit bien croire, ſi nous conſidérons qu'il en veut au cœur, plûtôt qu'à la tête, lorſque faiſant reflexion ſur la maniére dont on eſt élevé à

D 6   la

la Cour , il ne pense pas que ce lieu soit fort propre à inspirer de l'amour pour la Patrie, mais regarde au contraire les jeunes Princes & Seigneurs comme les *petits-maitres* du Monde , qui flattez dans toutes leurs Passions , & élevez à toute sorte de licence , ont un parfait mépris pour le Genre Humain ; mépris que les hommes meritent en quelque maniére par tout où le Pouvoir arbitraire est autorisé, & la Tyrannie adorée.

*Hæc satis ad Juvenem , quem
  nobis fama superbum
Tradit , & inflatum, plenúmque
Nerone propinquo.*

D 7   La

* Ces deux Vers précedent immédiatement ces paroles , *Rarus enim fermè sensus communis in illâ Fortunâ* : & l'Auteur les met ici pour prouver en quelque maniére l'explication qu'il vient de donner au mot *Sensus communis.*

La paſſion pour le Bien Public ne peut être produite que par un ſentiment d'affection qui nous unit au Genre Humain. Or perſonne n'eſt ſi éloigné de vivre dans cette eſpece d'union & de participer à cette affection générale, que ceux qui reconnoiſſent à peine qui que ce ſoit ſous l'idée d'*égal* , & ne ſe conſidérent point eux-mêmes comme ſujets à aucune Loi de Societé ou de Communauté. Ainſi, la Morale & le bon Gouvernement vont de compagnie. Il n'y a point de veritable amour de la Vertu ſans la connoiſſance du Bien Public; & il n'y a point de PUBLIC, où le Pouvoir eſt abſolu.

Ceux qui vivent ſous un Tyran , & qui ont appris à admirer ſa Puiſſance comme quelque choſe de ſacré & de divin , ſont auſſi corrompus à
l'égard

l'égard de leur Religion qu'à l'égard de leur Morale. Selon eux, le *Bien Public* eſt auſſi peu la meſure ou la Regle du Gouvernement dans l'Univers, que dans l'Etat. A peine conçoivent-ils autre choſe ſous l'idée de *bon* ou de *juſte*, que ce que la *Volonté* ou la *Puiſſance* ont rendu tel. La Toute-puiſſance pourroit à peine exiſter, à ce qu'ils croyent, ſi elle n'avoit la liberté de ſuſpendre les Loix de l'Equité, & de changer, ſelon ſon bon-plaiſir, le modelle de la Rectitude morale.

Mais malgré cette depravation, & ces faux préjugez, il eſt viſible qu'il reſte encore quelques traces d'affection pour le Bien Public, dans les Lieux mêmes où ce Principe eſt le plus perverti & le plus ravalé. Prenez le Gouvernement le plus corrompu, celui qui

qui eſt entierement deſpoti-
que ; vous trouverez aſſez
d'exemples de zele & d'affection pour cette eſpece de
Gouvernement. Dans les
Lieux où l'on n'en connoît
point d'autre, il eſt rare qu'on
manque de lui rendre la foi
& l'hommage qui eſt dû à une
meilleure Forme. C'eſt de-
quoi les Païs Orientaux , &
pluſieurs Nations Barbares
ont fourni , & fourniſſent encore des exemples. On peut
voir par l'amour qu'ils por-
tent à la perſonne de leurs
Princes , quelque ſévére
qu'il ſoit à leur égard , combien l'affection pour le Gouvernement & pour l'Ordre eſt
naturelle au Genre Humain.
Si les hommes n'ont point de
veritable Pére, point de Magiſtrat en commun qui les
choye & les protege , ils ne
laiſſeront pas de s'imaginer
qu'ils

III. PART. qu'ils en ont un ; & de se mettre , comme par un instinct
naturel , sous sa protection ,
semblables à ces Animaux
nouvellement nez qui n'ayant
jamais vû leur Mere , regar-
dent sous cette idée le premier
Animal de leur espéce , ou
d'une espéce approchante, qui
s'offre à leur vûë. Au lieu
d'un vrai Pere nourricier , &
d'un bon Conducteur, ils en
suivront un faux : au lieu d'un
Gouvernement legitime , &
d'un bon Prince, ils obeïront
même à un Tyran, & souffri-
ront la domination de tous
ses Descendans qui lui ressem-
blent.

Pour nous autres ANGLOIS,
nous avons, graces à Dieu ,
une meilleure idée de Gouvernement , qui nous a été
transmise par nos Ancêtres.
PUBLIC & CONSTITUTION,
sont des idées qui nous sont
fa-

familiéres ; nous favons comment le *Pouvoir legiflatif*, & le *Pouvoir executif* font formez. Nous entendons ce que c'eft que poids & mefure fur cet article ; nous pouvons raifonner exactement fur ce qui tient le Pouvoir & la Proprieté dans un jufte équilibre ; & fur ce fujet les conclufions que nous tirons font auffi évidentes que des conclufions Mathematiques. Les nouveaux dégrez d'habileté que nous acquerons , nous font voir tous les jours de plus en plus ce que c'eft que * *Sens commun* dans la Politique : & cette connoiffance nous conduira néceffairement à étendre cette idée fur la Morale qui

---

* Je fuis obligé de me fervir ici de ce mot dans le fens qui lui a été donné dès le commencement de cette troifiéme Partie. Dans la fuite il eft encore employé fort fouvent dans le même fens : & c'eft à quoi il faut prendre garde , fi l'on veut entrer exactement dans la penfée de l'Auteur.

qui eſt le vrai fondement de la Politique.

Il eſt ridicule de dire que l'Homme eſt obligé d'agir pour le Bien de la Societé, ou ſelon les Principes de l'honnêteté dans un Gouvernement déja établi, mais non pas dans ce qu'on nomme l'*Etat de Nature*. Car pour parler le langage de nôtre Philoſophie moderne, " la Societé „ étant fondée ſur un contrat, la ceſſion que chaque „ homme a fait de ſon Droit „ particulier que rien ne limitoit, entre les mains du „ plus grand nombre, ou de „ ceux qui ſeroient autoriſez „ par le plus grand nombre, „ étoit purement libre, & „ fondée ſur une ſimple promeſſe. Or *la Promeſſe* elle-même étant faite dans l'Etat de Nature, ce qui pouvoit rendre une promeſſe obligatoire

toire dans l'Etat de Nature ,
doit communiquer le même droit à tout autre Acte humain. Et par conséquent , la Fidélité , la Justice , l'Honnêteté , & la Vertu ont commencé d'exister aussi-tôt que l'Etat de Nature , ou bien elles n'auroient jamais pû exister. Une union , ou une confederation civile ne pouvoit jamais faire exister le Juste ou l'Injuste, si ces deux choses ne subsistoient point auparavant. Quiconque a pû en toute liberté faire une bassesse avant son contrat , se jouëra & doit se jouër, de son contrat avec la même liberté, lorsqu'il le jugera à propos. Celui qui est scelerat dans l'Etat de Nature, peut par la même raison être scelerat en Societé , & se dispenser de ses engagemens politiques aussi souvent qu'il en trouvera l'occasion ; il n'y

a

III.
PART.
a que fa parole qui l'en empêche. *Mais un homme eſt*
obligé de tenir fa parole. Pourquoi ? *Parce qu'il s'eſt engagé*
de parole à le faire. N'eſt-ce
pas là une admirable maniére
d'expliquer l'origine de la
Juſtice morale, du Gouvernement Civil, & de la Fidélité
qu'on doit au Souverain Magiſtrat ?

§. II. MAIS laiſſant là les
Sophiſtiqueries d'une Philoſophie qui nous parle tant de la
Nature d'une maniere ſi frivo-
le, nous pouvons hardiment
poſer pour Principe que , *ſi*
rien eſt naturel à quelque créa-
ture, ou à quelque eſpéce d'Etre
que ce ſoit, c'eſt ce qui tend à la
conſervation de cette eſpéce, &
qui contribuë à la maintenir en
bon état. S'il eſt originairement
& naturellement injuſte de
violer ſa promeſſe, ou de faire
une trahiſon, il eſt tout auſſi
injuſte

injuſte d'être inhumain à quelque égard que ce ſoit, ou de manquer en aucune maniére à ce que nous devons naturellement au Genre Humain. Si *manger* & *boire* ſont des choſes naturelles, c'en eſt une auſſi d'*aller en troupe*. S'il y a quelque appetit naturel , celui de la Societé l'eſt ſans contredit. S'il y a quelque choſe de naturel dans cette affection qui ſe trouve entre les différens Sexes, l'affection pour les Enfans , qui en ſont une conſéquence, eſt certainement tout auſſi naturelle : il en eſt encore de même de l'amitié qui ſe trouve entre les Enfans eux-mêmes, entant qu'ils ſont liez par le ſang & qu'ils vivent enſemble , élevez de la même maniére & ſous la même diſcipline. Et voilà dès-lors une *Tribu* formée, un *Public* reconnu : & outre

outre le plaisir que produit la Societé par le charme de la conversation & du langage, il y a une nécessité si visible de continner cette bonne correspondance & cette union, que n'avoir aucun sentiment de ces avantages, & n'aimer ni Patrie, ni Communauté, ni quoi que ce soit en commun, ce seroit autant que de negliger de gayeté de cœur les moyens les plus simples de sa propre conservation, & ce qui contribuë le plus à son propre bonheur.

Je ne saurois comprendre comment l'Esprit de l'homme pourroit embrouiller cette Question jusqu'à faire passer le Gouvernement Civil & la Societé comme un Ouvrage de l'Art, & une espéce d'invention humaine. Pour moi, il me semble que l'inclination de vivre en Societé paroît si
naturelle

naturelle & ſi violente dans la III.
plûpart des hommes, qu'on
peut aſſûrer hardiment, que
c'eſt de la violence même de
cette Paſſion que font nez tant
de déſordres dans la Societé
générale du Genre Humain.

Le Bien univerſel, ou l'intérêt du *Monde en général*,
c'eſt une eſpéce d'Objet éloigné & Philoſophique. Une
communauté d'une étenduë
ſi vaſte ne frappe pas aiſément
la vûë. On n'eſt pas même
aiſément touché de l'interêt
d'une Nation, de celui d'un
Peuple entier, ou d'un Corps
Politique. Dans des Partis
moins étendus les hommes
peuvent converſer familiere-
ment enſemble, & entrer
dans des liaiſons intimes. En
ce cas-là ils peuvent mieux
goûter le plaiſir de la Societé,
& participer au bien commun
d'un Public qui a des bornes
plus

plus refferrées. Ils découvrent
toute l'étenduë du Corps dont
ils font partie : ils voyent &
favent pour qui ils travaillent;
& dans quelle fin ils s'*affo-
cient*, & *confpirent* enfemble.
Naturellement tous les hommes ont certain degré de cet
Efprit d'union : & ceux dont
le temperament eft le plus vif,
ont une fi grande portion de
cet Efprit , qu'à moins qu'il
ne foit heureufement dirigé
par la Raifon , il ne pourra
jamais s'exercer dans une
fphere auffi éloignée que celle
d'un Corps Politique confidéré dans toute fon étenduë :
car dans un tel Corps à peine
arrive - t -il qu'on connoiffe ,
même de vûë , la milliéme
partie de ceux pour qui l'on
s'employe. Il n'y a point là
de bande diftincte & vifible ;
point d'alliance intime : on s'y
trouve lié avec différentes
per-

perſonnes, & différens ordres
de gens , non d'une maniére
ſenſible, mais en idée, ſous la
notion générale d'*Etat* ou de
Communauté.

Ainſi l'Eſprit de Societé &
de Sympathie , eſt ſujet à ſe
confondre, & à ſe perdre dans
un champ ſi vaſte, faute d'un
certain but, & pour ne ſavoir
où viſer. Et jamais cette Paſſion ne ſe fait ſentir ſi violem-
ment , ou n'éclatte avec tant
de vigueur que dans une *Conſ-*
piration actuelle , ou dans la
Guerre , où l'on ſait que les
plus grands Genies ſont ſouvent le plus empreſſez à
s'employer. Car les Eſprits
les plus généreux ſont les plus
ſociables, ſe plaiſent davantage
à agir de concert ; & trouvent
dans cette eſpece de confederation un charme qui les frappe beaucoup plus vivement
que le reſte des hommes.

E   On

On a d'abord de la peine à s'imaginer que la Guerre qui de toutes les choses du monde paroît la plus sauvage, doive être la passion des Esprits les plus heroïques. Mais c'est dans la Guerre que les Hommes sont le plus étroitement unis ensemble, qu'ils s'assistent plus souvent les uns les autres, qu'ils sont plus souvent exposez à de mutuels dangers ; & qu'une affection commune se déploye & s'exerce davantage. Or l'*heroïsme* & l'*humanité* ne sont presque qu'une seule & même Vertu. Cependant cette affection un peu mal appliquée, un Amateur du Genre Humain, en devient l'exterminateur ; un Heros, un Liberateur, devient l'oppresseur & le destructeur des hommes.

De ce même Esprit naissent d'autres divisions parmi les hom-

hommes. Delà vient, en temps
de Paix & fous un Gouvernement Civil, l'amour de Parti,
& d'autres fubdivifions pro-
duites par des cabales & des
intrigues particuliéres. Car
former des cabales, & exciter
des feditions , c'eft commen-
cer à fe cantonner dans un
Etat. Mais il eft naturel
qu'on fe cantonne, lorfqu'une
Societé particuliere devient
trop vafte : & toutes les fois
que de puiffans Empires fe
font avifez d'envoyer des Colonies hors de leur enceinte ,
ils en ont recueilli d'autres
avantages que celui d'être
plus à l'aife chez eux, ou d'é-
tablir leur Domination dans
des Païs éloignez. Les vaftes
Empires font contre nature
à plufieurs égards, & fur-tout
en ce que , quelque bonne
que foit la forme de leur gouvernement , la conduite des

E 2   af-

affaires d'un grand nombre de
personnes y doit être entre
les mains de peu de gens ; de
sorte que la relation qu'il y a
entre le Magistrat & le Peuple, doit être moins sensible,
& en quelque manière per-
duë dans un Corps si lourd ,
& dont les Membres sont fort
éloignez l'un de l'autre , & à
une grande distance de la Tête.

C'est dans ces Corps que
de violentes Factions s'engen-
drent plus aisément. C'est là
que faute d'exercice les Esprits sociables excitent de
nouveaux mouvemens , &
cherchent une plus petite
sphére d'activité s'ils ne sont
pas exercez dans une plus
grande. On voit par ce moyen
*des Rouës qui tournent l'une
dans l'autre* : & dans certaines
Formes de Gouvernement un
Empire se trouve renfermé
dans

dans un autre Empire , quelque abſurde que cela ſoit en
bonne Politique. Rien ne
plaît tant aux hommes que
de s'unir à un Corps particulier. De là vient qu'on inven-
te tant de différentes diſtinc-
tions ; qu'on forme des *Socie-*
tez Religieuſes , qu'on érige
des Ordres , dont on épouſe
les intérêts , & pour qui l'on
travaille avec toute l'ardeur
& tout le zele imaginable. Il
ne manque jamais de Fondateurs & de Patrons de ces
ſortes d'Etabliſſemens. Dans
cet Eſprit de Societé mal ap-
pliqué , les Membres de ces
Corps particuliers ſe ſurpaſ-
ſent eux-mêmes & font des
choſes qui tiennent du prodige. Et la force de cet Eſprit
ne ſe fait jamais ſi bien ſentir
que dans les Societez privées
qui ont été établies en oppoſition à la Societé univerſelle

E 3 du

III.
PART.

du Genre Humain, & au ve-
ritable interêt de l'Etat.

En un mot , l'Esprit de
faction lui-même semble pour
l'ordinaire n'être autre chose
qu'un abus de cet *Amour so-
cial*, qui est naturel au Genre
Humain. Car ce qui est opposé
à l'Esprit de Societé, c'est un
trop grand amour de soi-même. Et de tous les hommes
ceux-là s'empressent le moins
à *prendre parti*, qui sont entiérement possedez de cet
amour. Les gens de ce ca-
ractére , sont , à cet égard ,
très-moderez. Maîtres de leurs
Passions, ils se possedent trop
bien eux-mêmes pour être en
danger d'embrasser violem-
ment aucun Parti, ou de s'engager fort avant dans quelque
Faction que ce soit.

§. III. Vous avez ouï dire
sans doute comme un mot
assez commun , que l'*Interêt*
gou-

gouverne le Monde. Mais pour
moi, je croi que qui confide-
rera de près comment va le
Monde, trouvera que la Paffion, le Caprice, le Zele, l'Efprit de faction, & mille autres
reſſorts, directement contraires à un *Intérêt particulier*,
ont autant de part aux mouvemens de cette Machine.
Il y a plus de rouës & de con-
trepoids qui la font agir,
qu'on ne s'imagine ordinairement. C'eſt un mechaniſme
trop compoſé pour pouvoir
être vû d'un ſimple coup
d'œuil, ou être * ainſi expli-

E 4 qué

* *Montagne* avoit fort bien compris l'im-
poſſibilité de cette entrepriſe. Voici une
partie des reflexions qu'il fait ſur cela dans
le Chapitre I. du ſecond Livre de ſes E s-
s a i s : *Il y a quelque apparence, dit-il, de faire
jugement d'un homme par les plus communs
traits de ſa vie : mais veu la naturelle inſtabili-
té de nos mœurs & opinions, il m'a ſemblé ſouvent que les bons Auteurs mêmes, ont tort de
s'opiniaſtrer à former de nous une conſtante &
ſolide contexture. Ils choiſiſſent un air univerſel, & ſuivant cette image, vont rangeant &*
inter-

III. PART. qué en deux ou trois mots. Ceux qui l'étudient, doivent être extrémement prévenus, fi donnant toute leur attention à de petits refforts , les moins confidérables de tous, ils n'y apperçoivent aucun autre mouvement. Il eft dur de confiderer fi peu dans l'idée qu'on fe fait du cœur de l'Homme, fes Affections plus pu-

interpretant toutes les actions d'un perfonnage : & s'ils ne les peuvent affez tordre, les renvoyent à la diffimulation. Augufte leur eft efchappé : car il fe trouve en cet homme une varieté d'actions fi apparente, foudaine, & continuelle, tout le cours de fa vie ; qu'il s'eft fait lafcher entier & indecis, aux plus hardis Juges. Je croi des hommes plus mal aifément la conftance que toute autre chofe , & rien plus aifément que l'inconftance. Qui en jugeroit en détail & diftinctement, piece à piece, rencontreroit plus fouvent à dire vrai. — Noftre façon ordinaire c'eft d'aller après les inclinations de noftre appetit, à gauche , à droite, contre-mont, contre-bas, felon que le vent des occafions nous emporte. Nous ne penfons ce que nous voulons qu'à l'inftant que nous le voulons : & changeons comme cet Animal qui prend la couleur du lieu où l'on le couche. Ce que nous avons à cette heure propofé, nous le changeons tantoft ; & tantoft encore retour.

pures & plus étenduës, qu'on
ne leur attribuë aucun pouvoir ; de ne regarder aucune
action humaine comme un
effet d'*humanité*, de *générosité*,
de la pure *bonté du Naturel*,
d'une vraye & sincere *amitié*,

E 5   ou

retournons sur nos pas , ce n'est que branle & inconstance :

Ducimur ut nervis alienis mobile lignum. Nous n'allons pas, on nous emporte: comme les choses qui flotent , ores doucement , ores avec violence , selon que l'eau est irritée ou bonnasse, —— chaque jour nouvelle fantaisie , & se meuvent nos humeurs avecque les mouvemens du temps. —— Nous flotons entre divers avis : nous ne voulons rien librement, rien absolument, rien constamment. A qui auroit prescript & établi certaines Loix & certaine police en sa tête, nous verrions tout par tout en sa vie reluire une esgalité de mœurs, un ordre & une relation infaillible des unes choses aux autres : —— le discours en seroit bien aisé à faire. Comme il se void du jeune Caton : Qui en a touché une marche , a tout touché : c'est une harmonie de sons très-accordans, qui ne se peut démentir. A nous au contraire , autant d'actions , autant faut-il de jugemens particuliers : le plus seur, à mon opinion, seroit de les rapporter aux circonstances voisines , sans entrer en plus longue recherche , & sans en conclurre autre conséquence. Tout le reste du Chapitre tend à prouver la même chose.

ou d'aucune forte d'*Affection
fociale & *naturelle*, quoi qu'au
fond il fe trouvera peut-être
que les principaux mobiles
des Actions humaines font ,
ou ces mêmes Affections naturelles , ou un compofé qui
tire d'elles fon effence ; & qui
conferve plus de la moitié de
leur nature.

Mais n'attendez pas , mon
cher Ami , que j'examine ici
les Paffions en détail, que je
vous en faffe la genealogie ;
& que je vous montre la relation qui eft entr'elles , comment elles fe trouvent entre-
laffées les unes avec les autres,
ou comment elles font contraires à nôtre bonheur, & à
nos veritables intérêts. Le
tour que j'ai pris dans cette
Lettre , & les bornes que je
me fuis prefcrit , ne me per-
mettent pas de vous tracer ici
un jufte modelle où vous puif-
fiez

fiez voir exactement quelle
proportion il femble que les
Affections bienfaifantes & naturelles doivent avoir dans
cet Ordre d'Architecture.

Je fai que nos Architectes
modernes voudroient bien fe
debarraffer de ces Materiaux
naturels, & bâtir d'une maniére plus uniforme. Ils voudroient, pour ainfi dire, re-
fondre le cœur de l'Homme,
& lui donner une forme toute
nouvelle. Ils ont grande envie
de réduire tous fes mouvemens & toutes fes détermina-
tions à cet unique Principe
d'un Amour propre, tranquille & circonfpect. Les Hommes
n'aiment point à fe figurer
qu'ils font duppez par la Nature jufqu'à être obligez d'a-
vancer fes deffeins plûtôt que
les leurs. Ils ont honte d'être
ainfi détachez d'eux-mêmes,
& de ce qu'ils confidérent

E 6   comme

comme leur veritable intérêt.

Il y a eu de tout temps des Philofophes d'un Efprit trop borné , qui ont crû terminer ce différent , en domptant la Nature en eux-mêmes.*L'un de leurs premiers Fondateurs s'apperçut d'abord du pouvoir de la Nature , & en comprit fi bien la force, qu'il exhorta ferieufement fes Sectateurs à ne pas fe marier , & à ne fe charger d'aucun Emploi pour le fervice de leur Patrie. *Parens , Amis , Compatriotes , Loix , Conftitutions Politiques, la beauté de l'Ordre & du Gouvernement , l'Interêt de la Societé & du Genre Humain;* c'étoient des Objets qu'il prévoyoit devoir exciter naturellement une affection plus forte que celle qui n'eft fondée que fur la fimple confidération de *nous-mêmes.* Il n'y

avoit

---

* *Epicure.*

avoit pas moyen de faire une III.
profession sincere de cette PART.
Philosophie qu'on ne quittât
ses Parens, ses Amis, son
Païs, & la Societé humaine
pour s'attacher à elle. —— Et
qui ne voudroit le faire, si le
Bonheur étoit à ce prix? ——
Cependant ce Philosophe é-
toit obligeant dans le fond,
de nous communiquer si librement sa pensée. C'étoit
une preuve de l'*amitié pater-*
nelle qu'il avoit pour le Genre
Humain, comme l'un de ses
plus fameux Disciples prend
plaisir à le reconnoître dans
ces vers,

* Tu Pater, *& rerum inventor!*
   Tu patria *nobis*
Suppeditas præcepta.

Mais ceux qui, dans ces der-
niers temps, ont voulu re-
mettre sur pied cette Philo-
                E 7   sophie,

* *Lucrece*, Liv. III. ÿ. 17.

sophie, semblent être d'un génie fort inferieur à celui de leur Maître. On diroit qu'ils n'ont pas si bien senti la force de la Nature; & qu'ils ont cru changer la chose en lui donnant un nouveau nom. Ils comptent toutes les Passions Sociales, & toutes les Affections naturelles pour autant d'espéces d'*Amour propre* : ils les désignent par ce nom général ; & prétendent en expliquer par là la veritable essence. Ainsi la Civilité, l'Hospitalité, l'Humanité envers des Etrangers, ou envers des personnes malheureuses, ce n'est qu'un Amour propre plus circonspect : Un cœur honnête, ce n'est qu'un cœur plus rusé : la Bonté & la Probité, ce n'est, pour parler leur langage, qu'un Amour propre mieux reglé : l'amour de nos Parens, de nos Enfans, & de

nôtre

nôtre Poſterité , c'eſt pure-ment l'amour de nous-mêmes, & de nôtre propre ſang , comme ſi , à le prendre de cette maniére, tout le Genre Humain n'étoit pas l'objet de cet amour , puiſque tous les hommes ſont d'un même ſang , & qu'ils ont été joints enſemble par des mariages & des alliances reciproques , à meſure qu'ils ont été tranſplantez dans des Colonies. A ce compte-là, il faut auſſi que l'Amour de la Patrie , & l'A-mour du Genre Humain ſoient *Amour propre.* Pour la *Magnanimité* & le *Courage* , ce ſont , ſans doute , des mo-difications de cet *Amour pro-pre* univerſel ; car nôtre * Phi-loſophe

---

* *Hobbes* , que nôtre Auteur regarde com-me le grand Partiſan de l'Opinion qui é-touffe en quelque maniére les Affections ſociales & naturelles en voulant les faire paſſer pour autant d'eſpeces d'Amour pro-pre.

III. lofophe moderne nous affûre,
PART. que le *Courage* n'eft autre
chofe qu'*un continuel emporte-*
ment de colere ; & felon * un
de nos Poëtes, célébre par la
vivacité de fon Efprit ,

Si les Hommes ofoient , ils fe-
roient tous Poltrons.

Que le Philofophe & le
Poëte fuffent de vrais poltrons, c'eft peut-être ce qu'on
pourroit accorder fans peine.
Apparemment, ils ont déclaré
naïvement l'un & l'autre ce
qu'ils penfoient fur ce fujet.
Du refte, le veritable Courage
a fi peu de liaifon avec la Colere , que par tout où cette
paffion fe trouve dans un plus
haut point, le Courage y eft
toûjours d'autant plus fufpect.
Le vrai Courage eft calme &
tran-

---

* Le feu Comte de *Rochefter*, qui durant
la plus grande partie de fa vie, n'a pas fuivi
des Principes plus favorables à la Vertu ,
que ceux qu'*Hobbes* a enfeigné.

tranquille. Les hommes qui
ont le plus de bravoure, font toûjours moins fujets à cette brutale infolence qui s'exhale en vaines rodomontades; & jamais ils n'ont l'Efprit plus ferein, plus libre, & plus aifé, que dans le fort même du peril. On fait que la Rage peut forcer un Poltron à s'oublier foi-même, & à fe battre. Mais ce que fait faire la *Fureur* ou la *Colere*, ne peut jamais paffer pour un effet de Courage. Sans cela, les Femmes pourroient prétendre à l'honneur d'être le fexe le plus courageux: car on a toûjours reconnu que la haine & la colere des Femmes eft, & plus violente & plus durable.

Il s'eft trouvé d'autres Ecrivains d'un ordre encore inferieur, qui prenant plaifir à détailler cette idée, à la diftribuer, pour ainfi dire,

par

III.
PART.

par parcelles , ont fait des divisions & des subdivisions à l'infini sur le chapitre de l'*Amour propre*. Ils vous présentent * la même pensée sous mille formes différentes ; ils en font des sentences & des devises , & tout cela , pour vous expliquer cette Enigme, que *vous avez beau agir avec tout le désintereffement & toute la générosité possible , l'Amour propre sera toûjours la baze de toutes*

* L'Auteur en veut ici au Duc de *la Rochefoucault*. Selon lui , les *Reflexions Morales* dont on le fait l'Auteur ne contiennent autre chose que ce Principe , que l'*Amour propre est le fondement de toutes nos actions*. Le pénétrant *La Bruyere* ne juge point autrement de cet Ouvrage , dans le temps qu'il parle de l'Auteur avec beaucoup de ménagement. *C'est* , dit-il , *la production d'un Esprit instruit par le commerce du monde, dont la délicatesse étoit égale à la pénétration*. L'Auteur *ayant observé que l'amour propre est dans l'homme la cause de tous ses foibles, l'attaque sans relâche quelque part où il se trouve ; & cette unique pensée comme multipliée en mille maniéres différentes , a toûjours par le choix des mots & par la variété de l'expression , la grace de la nouveauté*. Discours sur *Theophraste* , vers la fin.

toutes vos actions, & † rien de III.
plus. Si ces Messieurs qui se PART.
plaisent tant à jouër sur des
mots,

† Ce Principe a été solidement refuté
depuis peu par Messieurs les Journalistes
de *Trévoux*. Je croi qu'on sera bien aise
de voir ici le passage entier qui peut servir en quelque maniére, ou de suplément,
ou de commentaire aux raisons de mon
Auteur. „ Le Systême de l'Amour pro-
„ pre dominant, *disent ces Messieurs*, doit
„ sa vogue à Mr. le Duc de *la Rochefou-*
„ *cault*, Auteur des *Reflexions Morales* si
„ estimées. Il lui est arrivé ce qui arrive
„ ordinairement aux Inventeurs des Sys-
„ têmes de Physique & de Medecine qui
„ tombent dans le faux, parce qu'ils veu-
„ lent tout réduire à un seul Principe.
„ L'Homme est étrangement corrompu :
„ l'Amour propre, l'Interêt sont le mobi-
„ le de la plûpart de ses actions : il en
„ faut convenir. Mais faut-il convenir
„ que toutes les semences des vertus na-
„ turelles ayent été détruites par une cor-
„ ruption générale, & que sans la Grace
„ on ne fasse que changer de vice? Est-ce
„ donc l'Interêt qui a produit la Fidelité
„ de *Regulus* à garder sa parole? Est-ce par
„ amour propre qu'il est retourné s'expo-
„ ser aux plus cruels supplices ? L'Equité
„ de *Lycurgue* qui rendit la Couronne à un
„ Neveu dont lui seul savoit la naissance
„ & les droits; la génerosité de ces Escla-
„ ves qui pendant le Triumvirat se livre-
rent

mots , mais qui n'aiment pas à s'engager dans des défini-tions , vouloient feulement prendre la peine de nous expliquer ce que c'eft qu'*In-terêt particulier* , & détermi-ner ce que c'eft que *Bien &
Félicité* , toutes ces pointes énigmatiques difparoîtroient en un moment. Car nous con-viendrions tous fur ce point , *Que la Felicité doit être recher-chée, & qu'en effet elle eft recher-chée de tous les hommes.*Mais de favoir fi l'on trouve la Felicité *en fuivant la Nature* & en s'abandonnant aux mouve-mens d'une *Affection Commu-ne* , ou bien en étouffant ces

mou-

„ rent à la mort pour fauver leurs Maî-
„ tres , ont-elles eu leur fource dans la
„ corruption de la Nature? C'eft par va-
„ nité, dira-t-on, qu'ils ont agi. Fut-il ja-
„ mais jugement plus temeraire, & moins
„ propre à fonder un Syftême de Morale?
„ Quelle vanité a pû mouvoir des Efclaves
„ dont le nom obfcur étoit inconnu à
„ ceux-là même qui leur ôtoient la vie?

mouvemens, & en faifant fervir chaque Paffion à des avantages particuliers , à des fins
uniquement bornées à nous-
mêmes, ou bien à la confervа-
tion de la *Vie*, ce feroit là le
Point à difcuter entre nous.
Il ne s'agiroit pas de chercher
qui s'aimeroit ou ne s'aimeroit
point foi-même , mais qui
s'aimeroit plus raifonnablement, & de la maniére la plus
effective.

Etre raifonnablement paf-
fionné pour foi-même , c'eft
fans doute, le plus haut point
de la Sageffe. Et aimer la vie
auffi long-temps qu'elle eft
heureufe, c'eft autant un effet de courage que de prudence. Mais une vie miferable
ne fera jamais la paffion d'un
homme fage. Etre fans probité , c'eft être en effet fans
aucune affection naturelle, &
fans inclination pour quelque
espece

espece de Societé que ce soit.
Et une Vie sans *affection naturelle*, sans *amitié*, sans attachement à aucune sorte de Societé , seroit pour qui en feroit l'épreuve, une vie très-miserable. C'est par rapport à la valeur réelle & intrinseque de ces passions & de ces affections naturelles que nôtre Interêt particulier doit être prisé. Ce qui constituë l'Homme, c'est sur tout *son temperament*, le *caractere de ses passions*, & *de ses affections*. Vient-il à perdre ce qu'il y a de mâle & d'excellent dans cette partie si considerable de son Etre ; il est autant perdu pour lui même, que s'il avoit perdu sa Memoire & sa Râison. La moindre démarche que nous faisons vers l'Infamie ou la Lâcheté, change le caractere & le prix de nôtre Vie. Quiconque veut conserver

sa

ſa vie à quelque prix que ce
ſoit, ſe fait plus de tort à *lui-*
méme, qu'il n'eſt poſſible à
perſonne de lui en faire. Et
ſi la Vie n'eſt en effet une
choſe bien précieuſe, ou pour
mieux dire, hors de prix,
quiconque refuſe de vivre en
coquin, & préfere la Mort à
une action honteuſe, * prend
le

* C'eſt ce que *Juvenal*, a noblement ex-
primé dans ces Vers, (Sat. VIII. 80. & ſeqq.)

— *Ambigua ſi quando citabere teſtis*
Incertaque rei, Phalaris licet imperet, ut ſis
Falſus, & admoto dictet perjuria Tauro,
Summum crede nefas animam præferre pudori,
Et propter vitam vivendi perdere cauſas.

C'eſt-à-dire, ,, Si l'on vous cite pour té-
,, moin dans un fait délicat & douteux,
,, dites la verité, n'heſitez pas. Oui, dites-
,, la, quand Phalaris prêt de vous faire jet-
,, ter dans ſon Taureau, vous dicteroit un
,, parjure. Mettez-vous dans l'Eſprit, que
,, le plus grand de tous les crimes eſt de
,, PRE'FERER LA VIE A L'HONNEUR,
,, & de renoncer pour l'amour de la vie, à
,, ce qui ſeul rend la vie veritablement eſ-
,, timable. " La traduction de ce paſſage,
excepté le dernier vers, eſt du P. *Tarteron.*
Du reſte ſelon nôtre Poëte, quiconque
préfere

le bon parti, & gagne fans doute à ce marché-là.

§.IV. Vous êtes heureux, mon c er Ami, de n'avoir pas été engagé par vôtre Education à lier un fort grand commerce avec la Philofophie ou les Philofophes de nos jours. Un bon Poëte, & un honnête Hiftorien peuvent fournir à un Gentilhomme autant d'é-rudition qu'il lui en faut. Et un jeune homme qui lira ces Auteurs par divertiffement, en pénétrera mieux le fens, & en prendra mieux le veri-table Efprit, qu'un Pedant avec toute fon application, & le fecours de fes vaftes Commentaires. Je fai qu'au-trefois

préfére la vie à l'honneur, eft déja mort dans le temps qu'il fe plonge dans le luxe & dans la débauche: *Dignus morte perit:* ex-preffion vive qui ne peut paroître outrée qu'à ceux qui ne fe fouviennent pas de ce beau paffage de l'*Apocalypfe*, chap. III. ỳ. 1. *Je connois tes œuvres: c'eft que tu as le bruit de vivre, & tu es mort.*

trefois on donnoit à des Philofophes le foin de former les
jeunes gens de la plus haute
qualité. C'étoit dans leurs E-
coles, dans leur Compagnie,
par leurs Préceptes & par leur
exemple que ces illuftres E-
leves étoient endurcis au
travail & à la fatigue , & exercez à la temperance la plus
rigide. C'eft à la faveur de
cette Difcipline à laquelle ils
étoient formez de bonne
heure , qu'ils devenoient capables de commander à d'autres hommes ; de défendre
l'honneur de leur Patrie dans
la Guerre , de gouverner fa-
gement dans l'Etat ; & de
combattre le luxe ,& la dépra-
vation des mœurs dans un
temps de Profperité & de
Paix. Si quelqu'une de ces
chofes font partie de ce qu'on
enfeigne dans les Univerfitez ,

F   je

je m'en rejouïs. Mais de la maniére que certaines Univerſitez ſont aujourd'hui gouvernées, il ne ſemble pas qu'elles ſoient fort propres à produire de tels effets, ni aſſéz heureuſes pour former la Jeuneſſe au veritable uſage du monde, ou à une connoiſſance exacte des Hommes & des Affaires. Et à vous parler franchement, ſi vous euſſiez fait un cours regulier de *Morale* ou de *Politique*, comme on le fait dans les Ecoles, il ne me ſeroit jamais venu dans l'Eſprit de vous écrire un mot ſur le * *Sens commun*, ou l'A-
mour

---

* *Sens commun*, & *Amour du Genre Humain*, ſont deux expreſſions ſynonymes dans le Langage de nôtre Auteur, comme j'en ai déja averti. Pour bien entendre ce qu'il dit ici, ,, qu'il n'auroit pas écrit à ,, ſon Ami ſur le *Sens commun*,'' il eſt bon de ſavoir qu'il a intitulé ſon Livre, SENSUS COMMUNIS: *Eſſai ſur l'uſage de la Raillerie*, &c. Je n'ai pas oſé l'imiter en cela,

mour *du Genre Humain.* Je n'aurois eu garde de vous citer le *Dulce & Decorum* du bon *Horace.* Et si j'eusse entrepris de vous tracer un beau caractère , comme il a fait à son Ami *Lollius* , je ne l'aurois pas terminé par ce double trait qu'il employe en cette occasion ,

* *Non ille pro caris Amicis ,
Aut Patriâ timidus perire.*

Nôtre Philosophie d'aujourd'hui roule sur le Principe de cet habile Sophiste qui disoit, † *Peau pour peau : tout ce qu'un homme a , il le donnera pour sa vie.* Dans l'Esprit de certaines gens , c'est pure Orthodoxie , aussi-bien que bonne Philosophie,

F 2

la , parce qu'il est comme établi par l'usage de ne mettre point de Latin dans le titre d'un Livre écrit en François.

* *Odarum Lib. IV. Ode 9.*

† C'est *Satan* qui parle ainsi dans *Job* , Chap. II. ℣. 4.

phie , de juger du prix de la vie par le nombre & la délicateſſe des ſenſations agréables. Ces Meſſieurs mettent conſtamment ces ſenſations en oppoſition à la Vertu & à la Probité toute ſeche. Et ſur ce pied-là , ils croyent qu'il eſt raiſonnable de traiter de fous tous les hommes qui voudroient riſquer leur vie , ou ſe priver d'une de ces ſenſations agréables , hormis à condition de recevoir en échange une pareille ſomme, & de gros interêts par deſſus. Il faut donc , à ce que je vois , que nous apprenions à aimer la Vertu par l'idée de l'uſure; & que nous mettions à l'enchere la vie, & les plaiſirs des ſens , pour devenir ſages & vertueux.

Mais , mon cher Ami , je connois vôtre fermeté ſur cet article. Bien loin d'être réduit

à

à regarder la Mort d'un œuil trifte, ou à vous plaindre de la perte de ce que vous pouvez hazarder quelquefois par vôtre probité, vous favez vous moquer de toutes ces lâches Maximes; & vous divertir de cet amour de foi-même qu'on exalte fi fort, & de la poltronnerie Philofophique de nos *Moraliftes* à la mode. On ne vous perfuadera jamais d'eftimer la vie au prix qu'ils lui donnent, ou à degrader la Probité comme eux, en ne confidérant la Vertu que comme un fimple nom. Vous êtes convaincu que la Vertu & le Merite ont une exiftence réelle, indépendante de la Mode, & qui ne change point felon la *fantaifie* ou la *volonté* des hommes; & que la Probité fubfifte auffi veritablement lorfqu'elle agit d'elle-même & fans témoins, que lorfqu'el-

F 3   le

le eſt vûë & *applaudie* de tout le Monde.

Si un homme qui auroit l'air & les manieres d'un Gentil-homme, venoit me demander, *Pourquoi je voudrois éviter d'é-tre ſale & mal-propre, lorſque perſonne ne ſeroit auprès de moi* ; je conclurrois d'abord , à lui entendre faire une telle Queſtion, qu'il n'eſt pas fort propre lui-même ; & que j'au-rois aſſez de peine à lui faire comprendre ce que c'eſt que *veritable propreté.* Cependant, je me contenterois peut-être de lui dire pour toute réponſe, *que je le ferois , parce que j'ai un nez.* S'il m'importunoit de nouveau en me diſant, *Mais ſi vous étiez enrumé , ou que naturellement vous n'euſſiez pas l'odorat fort délicat ?* Je lui re-pliquerois peut-être, *que j'aime auſſi peu de me voir mal-propre, que d'être vû par d'autres dans*

le

le même état. — Mais fi vous
êtiez dans l'obfcurité ? —
En ce cas-là, j'aurois toûjours
le même fentiment de la chofe ; ma Nature ne pourroit
fouffrir la penfée de ce qui
feroit fordide ; ou fi elle n'en
étoit pas choquée , j'aurois
certainement une malheureu-
fe nature, & je me regarderois
avec averfion comme une
Bête brute. Car pour me
refpecter moi-même, c'eft ce
que je ne pourrois faire , tant
que je ferois fi peu touché de
ce que je me dois à moi-même , & de ce qui me fied veritablement en qualité de
Créature humaine.

C'eft à peu près dans le même
Efprit que j'ai ouï demander,
pourquoi un homme fe feroit un
devoir d'être honnête en fecret,
lorfque perfonne n'eft témoin de
fa conduite. Je ne vous dirai
F 4   point

III.
PART. point ce que doit être un homme qui eſt capable de faire une telle queſtion. Mais j'avoue que je ne me ſoucierois pas beaucoup de la compagnie, ou de la familiarité de quiconque n'a point de meilleur motif pour vivre en honnête-homme, que la crainte du *Gibet* ou de la *Priſon*. Et ſi l'un de mes Tuteurs qui après s'être acquitté fidellement de ſon adminiſtration, m'auroit rendu mon Bien dès que je fus en âge, venoit à être convaincu de n'avoir agi de cette maniére que par la crainte de ce qui pouvoit lui arriver s'il en eût uſé autrement, je continuerois ſans doute à le traiter civilement; mais pour ſa probité, je n'en ferois pas un jugement plus avantageux que celui qu'*Apollon* fit de la Vertu de ſon *Devot*, qui déterminé par la crainte

crainte religieuse qu'il avoit de ce Dieu, rendit à son Ami le dépôt qui lui avoit été confié.

* *Reddidit ergo* metu, *non* mo-
ribus: & *tamen omnem*
Vocem adyti dignam Templo, ve-
rámque probavit,
Exſtinctus totâ pariter cum
prole domóque.

,, La *crainte* fit en lui ce que
,, la *bonne foi* n'avoit pû faire :
,, il rendit le dépôt ; mais il
,, ne laiſſa pas de verifier dans
,, ſa perſonne † la réponſe de
          F 5   ,, de

* *Juvenal*, Sat. XIII. ℣. 204. &c.
† *Juvenal* venoit de dire, que ce Scelerat ayant été conſulter l'*Apollon* de *Delphes*
pour ſavoir s'il devoit rendre un dépôt ,
l'Oracle lui répondit ,, qu'il feroit infaillible-
,, ment puni pour avoir ſeulement douté ,
,, s'il retiendroit le dépôt.

———— *Reſpondit Pythia vates*
Haud impunitum quondam fore, quòd dubitaret
Depoſitum retinere.

Cette Hiſtoire eſt racontée fort au long
dans *Herodote*, Livre VI.

III.
PART.
,, de l'Oracle, puifqu'il perit
,, avec toute fa famille*.

Je fai bien qu'on rend plufieurs fervices au Public feulement pour l'amour d'une
Récompenfe; & qu'en particulier il eft néceffaire de prendre foin des Delateurs, & de
les faire quelquefois penfion-
naires d'Etat. Mais avec tout
cela je ne faurois concevoir
une fort grande idée du merite de ces gens-là, & je
n'accorderai jamais mon eftime qu'à ceux qui découvrent
volontairement quelque lâche
pratique, n'ayant d'autre deffein que de travailler fincerement & avec ardeur pour
l'intérêt de leur Patrie. Et à
cet égard, je ne connois rien
de plus grand & de plus noble
que l'entreprife généreufe
d'un fimple Particulier qui
par pur zele pour le Bien public

* C'eft la traduction du P. *Tarteron.*

blic se charge d'une Accusa-
tion importante contre quelque Criminel d'Etat du prémier rang, ou contre quelque
cabale de Conspirateurs, qui
par sa fermeté sont enfin con-
damnez à recevoir la juste
punition de leur crime.

Je sai encore que la simple
Populace a souvent besoin
d'être retenuë dans l'ordre
par des Objets de terreur,
comme le Gibet. Mais je ne
saurois me figurer qu'un
homme de bonne Maison, ou
d'une commune probité, ait
jamais besoin de reveiller cette idée dans son Esprit pour
pouvoir mieux s'empêcher de
faire une friponnerie. Et si un
Devot n'a point d'autre Vertu que celle que lui ont inspi-
ré des objets de récompense
ou de punition, dans un Etat
plus éloigné, je ne sai de qui
il pourra gagner l'amour ou
F 6   l'es-

l'eftime, mais pour moi, je ne le jugerai jamais digne de mon amitié.

*Nec furtum feci, nec fugi, *si mihi dicat
Servus: habes pretium, loris non ureris, aio.*
Non Hominem occidi: *Non pafces in cruce corvos.*
Sum bonus & frugi: *Renuit, negat atque Sabellus.*

„ †Un Efclave me dit, *Je ne*
„ *vous ai point volé, je ne me*
„ *fuis point enfui.* — Hé bien,
„ tu n'auras point les étriviè-
„ res, te voilà recompenfé.
„ *Je n'ai tué perfonne.* — Tu
„ ne feras point pendu. *Je*
„ *fuis homme de bien.* — Pour
„ cela, c'eft une autre affaire,
„ Horace n'en convient pas.

A

* *Horace,*Epift.lib.I.Epift. 16.♃.45. & feqq.
† Je me fers de la Traduction du Pere *Tarteron.*

§. I. A L'heure qu'il eſt, mon cher Ami, vous pou-vez voir, ſi je ne me trompe, que, comme je me déclare fort ſerieuſement en faveur de la Raillerie, je puis auſſi être re-tenu dans l'uſage que j'en fais. C'eſt en effet une étude fort ſerieuſe que d'apprendre à regler cette humeur enjouée que la Nature a mis en nous comme un Remede lenitif contre le Vice, & une eſpéce de Specifique contre la Su-perſtition, & les illuſions de la Melancholie. Il y a beaucoup de différence entre chercher à tirer du ridicule de chaque choſe, & chercher dans cha-que choſe ce qui peut être juſtement tourné en ridicule. Car rien n'eſt ridicule que ce qui eſt difforme : & rien n'eſt à l'épreuve de la Raillerie, que ce qui eſt beau & raiſon-

IV. PAR-TIE.

F 7   nable.

nable. Et par conféquent il feroit bien dur de refuſer à la vraye & fincere Probite´ l'uſage de cette eſpéce d'arme, qui ne peut jamais la bleſſer elle-même, mais qui porte infailliblement contre tout ce qui lui eſt contraire.

Si dans ce cas nous voulions feulement prendre pour regle les Bouffons d'*Italie*, ils nous apprendroient que dans leurs jeux d'eſprit les plus badins & les plus burleſques, rien ne leur réüſſit ſi bien que les traits de raillerie qu'ils lancent contre la Poltronnerie & l'Avarice. Mais on peut défier tout le monde de tourner en ridicule ce qui eſt veritablement *Valeur* ou *Généroſité*. Et quoi que le caractère d'un Gourmand ou d'un parfait Débauché ſoit auſſi ridicule que celui du Poltron & de l'Avare, il n'eſt pas poſſible d'inſpirer d'inſpirer à qui que ce ſoit du mépris pour une vraye *temperance*, hormis à ce qu'il y a de plus groſſier & de plus abject parmi les hommes. Or la Bravoure, la Généroſité , & la Temperance ſont les trois ingrediens qui compoſent le Caractère vertueux , comme le Vicieux eſt compoſé des trois Qualitez oppoſées à celles-là. Comment donc pourrions-nous tourner en ridicule la Probité ? — Rire du vice & de la vertu tout à la fois , c'eſt la derniere des abſurditez : & ſi le Ridicule eſt effectivement du côté de la Crapule, de l'Avarice , & de la Poltronnerie , vous voyez la conſéquence. Et en effet un homme qui avec tout l'Eſprit du monde entreprendroit de ſe jouër de la Sageſſe , de tourner la Probité ou la Politeſſe en ridicule, ſe rendroit

ſans

IV. PART. fans doute fort ridicule lui-même.

Un homme parfaitement poli, quel qu'il foit d'ailleurs, eft incapable de rien faire d'incivil ou de brutal. En ce cas-là, il ne délibere jamais : il ne pefe point la chofe par des régles de prudence, fondées fur fon intérêt particulier : il fuit les mouvemens de fa nature : il agit en quelque forte néceffairement & fans reflexion. S'il en ufoit autrement, il lui feroit impoffible de remplir fon caractère, ou de paroître en toute rencontre parfaitement bien élevé, tel que nous l'avons fuppofé d'abord. Il en eft de même d'un veritable *honnête-homme*. Il ne fauroit déliberer en cas d'une friponnerie évidente. * Une *tonne d'or* n'eft pas

* Il y a mot pour mot dans l'Anglois, „ Une *Prune* n'eft pas une tentation pour „ lui.

pas une tentation pour lui. Il IV.
PART.
fe confidére & s'aime trop
lui-même pour imiter ces fcelerats qui profitant du malheur
des temps s'enrichiffent par
des rapines , aux dépens du
Public. Celui qui veut avoir
l'Efprit libre , & fe poffeder
veritablement lui-même, doit
être au-deffus de la penfée de
s'abbaiffer à des chofes lâches
&

„ lui. Il fe confidére & s'aime trop lui-
„ même pour imiter ces fameux Scelerats
„ qui baptizerent entr'eux de ce nom une
„ de ces groffes fommes qu'ils avoient ga-
„ gné en pillant le Public. " C'étoient de
riches Banquiers de *Londres* qui profitant
des befoins de l'Etat durant la derniére Guerre qui fe termina par la Paix de *Ryfwick* ,
firent de grands profits en prêtant leur ar-
gent à gros intérêt. Quand l'un d'eux avoit
gagné cent mille livres fterling , ils trouve-
rent plaifant de dire qu'il avoit attrapé *une*
Prune. Pour l'ordinaire, ces expreffions bur-
lefques qui n'ont aucun fondement dans la
Nature, ne fubfiftent pas long-temps. Celle-ci eft vifiblement de cette efpéce. C'eft
pourquoi je n'ai pas trouvé à propos de la
conferver dans le Texte, où auffi-bien elle
auroit été inintelligible fans le fecours de cette Note.

& indignes ; & quiconque a le cœur d'en venir là , ne doit plus prétendre à ce qu'on nomme *Grandeur d'Ame, Refolution , Amitié , Merite , & Dignité tant par rapport à lui-même que par rapport aux autres.* Mais vouloir allier ces Avantages avec cette baffeffe d'Ame , & prétendre jouïr de la Societé & d'une vraye liberté d'Efprit avec un Cœur lâche & fripon , c'eft un procedé auffi ridicule que celui de ces petits Enfans , qui mangent leur gâteau , & pleurent enfuite pour l'avoir. Lorfque des gens commencent à deliberer fur quelque action mal-honnête , & que trouvant en eux-mêmes moins de repugnance à la commettre , ils demandent *pourquoi ils feroient difficulté de faire une bonne friponnerie pour une groffe fomme ,* on devroit

vroit leur dire comme aux Enfans , qu'*ils ne peuvent pas avoir leur gâteau, après qu'ils l'ont une fois mangé.*

A la verité, ceux qui font une fois devenus de parfaits fcelerats, *ne pleurent plus pour avoir leur gâteau.* Ils fe connoiffent eux-mêmes , & font connus de tout le monde. Et ce n'eft pas eux qu'on envie ou qu'on admire le plus. Ceux qui nageant, pour ainfi dire, entre deux eaux, confervent quelques égards pour la Vertu , font beaucoup plus à nôtre goût. Cependant à fuivre les regles du Bon Sens, nous devrions juger qu'il n'y a en effet que le *parfait fcelerat*, le coquin fans retenuë & fans pudeur , qui puiffe en quelque maniére difputer de felicité avec l'*honnéte-homme.* L'avantage réel eft entiérement dans l'un ou dans l'autre de ces

deux

deux Partis. Tout ce qui eſt
entre-deux n'eſt qu'inconſtan-
ce, irreſolution , remors, in-
quiétude, agitation fiévreuſe;
un paſſage continuel du froid
au chaud, d'une Paſſion à une
autre toute oppoſée ; un contraſte perpetuel , une Vie pleine de dégouts & qui eſt à
charge à elle-même. Le vrai
repos ne peut ſe rencontrer
que dans une réſolution fixe
& déterminée , à laquelle il
faut ſe tenir courageuſement
quand on l'a une fois embraſ-
ſée: de ſorte que les Paſſions
& les Affections ſoient rédui-
tes ſous ſon obéiſſance , que
le Temperament ſoit foumis
à l'Eſprit , & l'Inclination au
Jugement. Ces deux choſes
doivent être dans un parfait
accord , ou bien tout tombera
en confuſion. Ainſi , penſer
en ſoi-même, *Pourquoi l'on ne
pourroit pas faire cette petite
baſſeſſe,*

baſſeſſe , ou cette trahiſon , une IV.
fois ſeulement , c'eſt la plus PART.
folle imagination du monde
& la plus contraire au ſens
commun. En effet, un com-
mun honnête-homme , aban-
donné à lui-même, & qui n'a
pas l'Eſprit embarraſſé de
Philoſophie, & de raiſonne-
mens ſubtils ſur ce qui regarde ſon interêt particulier, ne
répond autre choſe, dès qu'on
lui propoſe quelque baſſeſſe à
faire , ſi ce n'eſt qu'il n'a pas
le cœur d'y ſonger , ou de
vaincre l'averſion naturelle
qui l'en détourne. Et c'eſt là
juſtement ce qui eſt *naturel*
& équitable.

La verité eſt, que de la maniére qu'on raiſonne aujour-
d'hui ſur la Morale , il n'y a
pas grande apparence que la
Probité faſſe de grands progrès par le ſecours de la Philoſophie, ou par aucune ſorte
de

de profondes fpeculations. En
gros, le meilleur eft de fuivre
les idées du Sens commun
fans aller plus avant. Dans
cette matiére les premiéres
penfées des hommes valent
mieux, en général, que les
fecondes ; & leurs Notions
naturelles font meilleures que
celles qui ont été raffinées
par l'étude, ou par des con-
fultations avec les Cafuiftes.
En Langage commun, auffi
bien que felon le Sens commun, *l'honnêteté eft la meilleure
Politique* : mais par un rafine-
ment de raifon, les feuls habiles & bien-avifez felon le
monde, font de parfaits fcé-
lérats : & l'on ne compte
pour gens qui favent faire valoir leurs intérêts que ceux
qui contentent leurs Paffions,
& qui ont trouvé le fecret
d'affouvir leurs defirs les
plus déréglez. — Tels font
les

les *Sages felon le Monde* : telle
eft *la prudence de ce fiécle.*

Un homme ordinaire par-
lant d'une vilaine action felon
les idées du Sens commun,
dit naturellement & de tout
fon cœur, qu'il ne voudroit
point faire une telle chofe
pour tous les biens du monde. Mais les gens accoûtumez
à des fpéculations délicates
trouvent dans ce cas-là de
grandes modifications, quantité de fubterfuges, de remedes, & d'adouciffemens. Un
bon préfent fait à propos ; une
bonne méthode de folliciter
fa grace ; des Hôpitaux bâtis ;
des Fondations charitables é-
tablies en faveur des vrais Fi-
delles ; un Zele ardent pour
l'*Orthodoxie* ; tout cela peut
fuffifamment expier une méchante pratique, fur-tout
lorfqu'elle va à mettre un
homme en état de faire beaucoup

coup de bien , & de servir le bon Parti,.

C'est par ce moyen que bien des gens ont fait de grosses fortunes ,. & sont parvenus à des Postes fort considérables. On peut même avoir gagné quelques Couronnes à ce prix-là ; & si je ne me trompe , il s'est trouvé autrefois de grands Empereurs qui ont tiré de puissans secours de ces sortes de Principes ; & qui en échange n'ont pas été ingrats au Parti qui les a-voit si bien servis. Les Auteurs de cette espéce de Morale ont été très-bien rentez; & le Monde a payé cher leur Philosophie; puis que les Principes originaires d'humanité; les bons & simples préceptes de *Paix* & d'*Amour reciproque*, ont été si fort sublimez par ces Chymistes spirituels

tuels, * qu'ils sont devenus de puissans corrosifs, & ont produit en passant par leur alambic les Esprits les plus ardens de *haine mutuelle* & de *persécution maligne.*

§. II. MAIS, mon cher Ami, nôtre temperament ne nous porte point à des Reflexions melancholiques. Laissons aux graves Censeurs du Vice, le soin de le décrier de la maniére qui convient le mieux à leur genie & à leur caractère. L'autorité de leur charge leur donne droit de tonner contre le Vice; & je me réjouis avec eux des victoires qu'ils remportent par cette méthode. Cependant je ne vois pas pourquoi l'on refuseroit à d'autres personnes la liberté de tourner la Folie en ridicule ;

---

* On peut appliquer ici la Maxime vulgaire, *Optimarum rerum pessima datur corruptio.*

IV.
PART.
le ; & de faire valoir , s'ils
peuvent, la Sageffe & la Vertu
par le fecours de la gayeté &
de l'enjoûment : pourquoi ,
dis-je, l'on n'accorderoit pas
ce Privilege aux Poëtes ou à
ceux qui fe propofent fur-tout
en écrivant de fournir quelque honnête amufement à
d'autres perfonnes en fe di-
vertiffant eux-mêmes. Et fi
nos Reformateurs par état fe
plaignent qu'ils ne font pas fi
bien écoutez du *Monde poli*;
s'ils s'emportent contre ces
Efprits vifs qui ont recours à
la plaifanterie comme à une
efpéce d'azyle, & qui font de
là des excurfions affez heu-
reufes , pourquoi refuferoit-
on à un homme qui n'eft que
fimple volontaire dans ce
combat, d'attaquer l'Ennemi
aux termes qu'il propofe lui-
même, & d'en venir aux pri-
fes avec lui à condition feulement

ment qu'il fera traité felon le
droit du jeu.

Par le *Mondi poli* j'entens
ici ceux à qui un bon genie
naturel , ou la force d'une
bonne éducation ont donné
du goût pour ce qui eft naturellement bienſeant & a-
gréable. Les uns par un pur
effet de la Nature , & d'autres
par le ſecours de l'Art , ont
de l'oreille dans la Muſique;
l'œuil fin dans la Peinture ;
une imagination heureuſe
pour tout ce qui regarde la
grace & l'ornement ; la facul-
té de diftinguer en chaque
choſe la juſteſſe des proportions ; & un goût exquis par
rapport à la plûpart des ſujets
qui font l'amuſement & les
delices des gens d'Eſprit. Que
ces Meſſieurs-là ſoient auſſi
extravagans , & auſſi irreguliers qu'il leur plaira , il faut
qu'ils reconnoiſſent en même

G 2 temps,

temps, que leur conduite eſt incompatible avec leurs ſentimens, qu'ils ne ſont point d'accord avec eux-mêmes, & qu'ils agiſſent directement contre ce même Principe ſur lequel ils fondent leurs plus grands plaiſirs.

Entre toutes les Beautez que nos *Curieux* ſavans pourſuivent, que les *Poëtes* célébrent, que les *Muſiciens* expriment par la douceur & la juſteſſe de leurs accords, & que les *Architectes* ou les *Ouvriers*, quels qu'ils ſoient, forment ou décrivent, il n'y en a point de plus agréable, de plus touchante, & de plus pathetique que celle qui eſt repréſentée d'après la vie, & qui exprime la Paſſion. Car rien ne touche ſi bien le cœur que ce qui vient du cœur même, & du fond de ſa nature, comme *la beauté des*

ſen-

ſentimens ; la grace des Ac-
tions ; l'air des caractères ; les
proportions, &, pour ainſi dire,
les traits de l'Eſprit humain.
C'eſt une leçon de Philoſophie, qu'un Roman même,
qu'un Poëme, & une Comé-
die nous peuvent apprendre,
dans le temps que l'Auteur
de ces fictions touchant adroi-
tement les différens reſſorts
de nôtre cœur, nous cauſe
des tranſports ſi agréables ;
qu'il nous intereſſe comme
malgré nous dans les paſſions
de ſes Heros ou de ſes He-
roïnes,

—————————* *Angit ,*
Irritat, mulcet, falſis terrori-
  bus implet ,
Ut magus :

„ qu'il nous afflige, nous irri-
„ te, nous appaiſe, & nous
                „ rem-

* *Horat.* Epiſt. Lib. II. Epiſt. 1. ỳ. 211.
&c.

„ remplit l'Efprit de fauffes „ terreurs comme feroit un „ Magicien.

Que les Poëtes, & les Muficiens nient cette force de la Nature; qu'ils réfiftent, s'ils peuvent, à cette *Magie morale*. Pour eux, on peut dire qu'ils ont une double portion de cette efpece de charme. Car prémiérement, c'eft l'amour même des nombres, du *decorum* & des proportions dont ils font paffionnez; & cela, non dans un fens refferré, & par pur intérêt particulier, (car qui eft-ce qui compofe pour foi-même?) mais dans des vûës fociales, pour le plaifir & le bien d'autrui, & même en faveur de la Pofterité la plus reculée. En fecond lieu, il eft évident que le principal fujet qui éleve le plus le genie de ces illuftres Ouvriers, & par où ils touchent fi vive-ment

ment les autres, c'eſt quelque

IV.
PART.

choſe qui eſt purement moral.
Car l'effet & la beauté de leur
Art conſiſte à exprimer par
des ſyllabes meſurées, & par
des ſons harmonieux, l'harmonie même de l'Ame humaine,
de nous repréſenter, dis-je,
les beautez de cette Ame par
un juſte mélange de ſons,
quelquefois contraires, mais
dont la diſſonance ne ſert
qu'à relever davantage la
beauté de l'harmonie, & à
rendre cette Muſique des
Paſſions plus forte & plus
charmante.

Les Admirateurs du beau
Sexe riroient peut-être, s'ils
entendoient dire qu'il y a
quelque choſe de moral dans
leurs Amours. Mais que ſi-
gnifient donc tous ces diſcours
des Amans ſur le ſujet du
cœur, toutes ces recherches
curieuſes ſur la délicateſſe de

G 4

ſes

ſes ſentimens, ſur la tendreſſe
de ſes mouvemens, & tous ces
éloges qu'ils font de la grace,
de la vivacité de leur maîtreſ-
ſe, d'un je ne ſai quoi qui les
enchante , & de tous ces attraits raviſſans dont ils prennent tant de plaiſir à s'entretenir ? Qu'ils déterminent
entr'eux ce grand point: qu'ils
reglent, comme ils le jugeront
à propos, la juſte proportion
qu'il y a entre toutes ces différentes beautez. Toûjours
faut-il qu'ils avouent qu'il y
a une *beauté de l'Eſprit* , &
qui eſt comme l'ame de leur
amour. Car autrement, d'où
vient qu'un air niais ſuffit
pour dégoûter un Amant ,
d'un prémier coup d'œuil ?
D'où vient qu'un regard ſot,
& des maniéres innocentes
détruiſent l'effet de tous les
charmes exterieurs d'une Belle , & la dépouillent de tout
ſon

son pouvoir , quoi que regu- IV.
lierement armée , avec des PART:
traits fort exacts , & le plus
beau teint du monde ? Quelque prévenus que nous soyons
de la pensée qu'il y a dans la
Beauté quelque chose de so-
lide & de substantiel qui frappe nécessairement les yeux ,
si nous examinions exactement cette affaire , peut-être
trouverions-nous que ce que
nous admirons le plus , même
dans les traits du visage, n'est
au fond qu'une expression
mysterieuse , & une espece
d'ombre de quelque chose
d'interieur qui appartient au
temperament de la Personne;
& que lorsque nous avons été
touchez d'un Air majestueux,
d'un Oeuil vif, d'un Air d'A-
mazone plein d'une noble
fierté , ou d'un Air doux &
gracieux, c'est principalement
de l'idée de ces qualitez que
G 5 nous

nous avons été frappez, nôtre Imagination étant occupée à s'en former des Images agréables qui amufoient nôtre Efprit & le tenoient comme ravi en admiration tandis que d'autres Paffions étoient employées ailleurs. Les premieres infinuations, les declarations, les confidences, les plaintes, les éclairciffemens, l'efperance d'être payé de quelque retour, des tranfports caufez par quelque grace réelle ou imaginaire, ce font tout autant d'ingrediens néceffaires pour l'entretien de ce commerce, qu'on appelle *Amour*; & les Maîtres de l'Art, en ont, pour ainfi dire, établi l'ufage d'une maniére authentique.

Pour les perfonnes dont le temperament eft plus froid & les recherches plus tranquilles, ils ne fauroient non plus réfifter

réfifter à la puiffance de la Beauté fur quelque autre fujet. Chacun a en vûë quelque objet plus ou moins illuftre pour lequel il fe paffionne ; chacun pourfuit quelque *Grace* & quelque *Venus* d'une ou d'autre efpéce. Le Beau, l'Honnête, le *Decorum* fe feront toujours un paffage dans nôtre Efprit. Ceux qui refufent de fe laiffer entraîner aux charmes de la Beauté dans des matiéres importantes de Raifonnement & de Morale, fentiront fa puiffance à quelque autre égard, dans des fujets d'un ordre inferieur. Ceux qui négligent de confidérer les grands refforts des actions, l'harmonie & la proportion dans la vie prife en gros, ne laifferont pas d'en être frappez dans des fujets particuliers, ou en étudiant, par exemple, des Arts com-

muns,

muns, ou en s'appliquant à cultiver des beautez purement mechaniques. Des Modelles de Maisons & de Bâtimens, & les Ornemens qui leur sont propres ; des Plans de Jardins avec leurs Compartimens; des Promenades, des Allées ; des Avenuës ; & une infinité d'autres espéces de Symmetrie succederont à la place de cette autre Symmetrie d'un Esprit bien reglé, mille fois plus avantageuse & plus sublime. Le Beau, le Grand se fera voir en mille occasions différentes. C'est un spectre qui nous suivra toûjours, tantôt sous une forme, & tantôt sous une autre : & si refusant de l'admettre dans nos froides meditations, nous le chassons du *Cabinet*, il viendra nous trouver même *à la Cour*, & nous remplira la tête de grandeurs, de titres, d'honneurs ima-

imaginaires, d'une beauté chimerique, & d'une fauſſe ma-
gnificence : vains Songes, à
qui nous ſerons prêts de ſa-
crifier nos plus grands plaiſirs,
toute la douceur de nôtre
vie, juſqu'à devenir en leur
faveur de vrais forçats, les
plus vils & les plus abjects de
tous les Eſclaves.

Les Voluptueux qui ſem-
blent avoir le dernier mépris
pour cette Beauté Philoſophique, ſont ſouvent forcez
de reconnoître ſes charmes.
Ils ſavent louër la Vertu d'auſſi
bon cœur que qui que ce ſoit;
& ils ſont autant frappez que
perſonne de la beauté d'une
Conduite généreuſe. Ils admirent la choſe en elle-même,
quoi qu'ils n'en admirent pas
les moyens. Et ils ſeroient
bien-aiſes d'aſſocier, s'il étoit
poſſible, la Probité avec la
Débauche. Mais les régles de
G 7 l'har-

l'harmonie s'y oppofent. Les Diffonances font trop marquées. Cependant il y a plaifir à obferver les efforts qu'on fait pour cela. Car quoi que certains Débauchez fe déclarent lâchement pour toute forte de baffeffe & de corruption, d'autres, plus généreux, tâchent de garder quelques-mefures d'honnêteté : & par cela même qu'ils connoiffent mieux le Plaifir, ils veulent l'affujettir à certaines régles. Cette maniére leur déplaît;& ils en approuvent une autre. *Jufques-là*, difent-ils, *cela étoit bien ;& au delà, c'étoit mal : Telle chofe étoit licite ; & celle-ci ne l'eft pas.* Ils font entrer une efpèce de juftice & d'ordre dans leurs Plaifirs. Ils voudroient attirer la Raifon dans leur Parti, juftifier en quelque forte leur maniére de vivre, & mettre quelque harmo-

harmonie dans leur conduite;
ou s'ils trouvent la chofe im-
praticable à certaines conditions , * ils voudroient facri-
fier leurs autres plaifirs à ceux
que produit une conduite
généreufe , reguliére , dont
toutes les parties font dans un
parfait accord ;

† *Et veræ numerófque modófque
edifcere vitæ ;*

„ & apprendre à bien vivre ,
„ à régler & à compaffer tou-
„ tes leurs démarches. ”
Bien d'autres occafions nous
fuggereront cette penfée ,
mais fur-tout la confidération
ferieufe d'un *grand Merite*
dans un caractère généreux ,
oppofé

* C'eft faute de bon fens qu'un homme
manque à prendre ce parti-là , fi nous en
croyons *La Bruyére. Un genie qui eft droit &
perçant,* dit-il, *conduit enfin à la régle , à la
probité, à la vertu : il manque du fens à qui
s'opiniâtre dans le mauvais comme dans le faux.*
Chap. XI. DE L'HOMME.
† *Horat.* Epift. lib. II. Epift. 2. ⅴ. 144.

oppofé à un caractére horri-
blement vil & méprifable.
C'eft cela même qui fait que
parmi les Poëtes, les *Satiri-
ques* manquent rarement de
rendre juftice à la Vertu. Et
jamais aucun des Poëtes du
prémier ordre n'a donné à
gauche fur cet article. Nos
Beaux-Efprits eux-mêmes,
qui tournent tant du côté de
la Galanterie & du Plaifir,
s'ils rencontrent fur leur chemin quelque infigne *Lâcheté*,
qui reveille dans leur Efprit
l'idée d'une conduite oppofée,
peuvent chanter d'un ton
paffionné les louanges de la
Vertu & du veritable Hon-
neur.

Il peut nous arriver, comme
à la plûpart des hommes, de
méprifer cette fage Maîtreffe,
lorfque nous fommes tout-à-
fait bien avec le monde, &
que nous jouïffons à fouhait
de

de quelque autre Beauté. Mais lorſque nous voyons au bout du compte quelles ſont les ſuites funeſtes d'une vie déréglée ; & que par la débauche & un attachement infame à des intérêts ſordides, des Fripons ſont élevez à des Poſtes conſidérables, & que les plus mépriſables des hommes ſont préferez aux plus vertueux, la Vertu ſe montre alors à nous dans un nouveau jour ; & à la faveur de ce contraſte, nous pouvons diſcerner les charmes de la Probité, tous ſes veritables attraits, qui auparavant ne nous paroiſſoient ni naturels ni fort puiſſans.

§. III. AINSI, tout bien compté, il n'y a point de Beauté dans le Monde plus naturelle que la *Probité* & la *Verité morale.* Car toute *Beauté eſt* VERITÉ. Ce ſont de

veri-

veritables traits qui font la beauté d'un visage; & de veritables Proportions qui font la beauté de l'Architecture, comme de *veritables* Mesures font celle de l'Harmonie & de la Musique. Dans la Poësie où tout est Fable, la Verité y domine, & fait la perfection du Tout. Quiconque est assez habile pour lire *Aristote*, ou ses * Copistes modernes sur la nature du Poëme Dramatique & du Poëme Epique, entrera aisément dans cette *pensée*.

Un Peintre qui a quelque genie, comprend ce que c'est que *Verité* & unité de Dessein; & fait qu'il s'éloigne même du naturel, lorsqu'il suit la Nature de trop près, & qu'il copie trop exactement d'après la vie. Car son Art ne lui permet

* Le P. *Le Bossu*, sur-tout, qui dans son excellent Traité *du Poëme Epique* ne fait guere autre chose que commenter & expliquer la *Poëtique* d'*Aristote*.

permet pas de mettre dans fa Piéce la Nature entiére, mais feulement une partie. Cependant il faut que fa Piéce, pour être belle & vraye, faffe par elle-même, un *Tout* complet, indépendant, & en même temps auffi grand & auffi étendu qu'il peut le faire : de forte que dans cette occafion les Objets particuliers doivent être fubordonnez au Deffein général ; & toutes chofes doivent fervir de fupport & de luftre à la principale Figure, pour que le Tout-enfemble puiffe être parcouru de l'œil fans peine; & qu'il en refulte une vuë fimple, nette, & réünie, qui feroit partagée & diffipée par l'expreffion d'un Objet particulier, marqué trop diftinctement.

Or la Nature eft fi diverfe dans fes Ouvrages, qu'elle

dif..

distingue chaque chose qu'elle forme , par un caractère particulier & original , qui , s'il est copié exactement, fera paroître le sujet différent de toute autre chose qui existe dans le Monde. Et c'est cela même que le bon Poëte & le bon Peintre prennent à tâche de prévenir. Ils fuyent de menus détails , & une trop grande singularité qui pourroit faire passer leurs Images, ou leurs Caractères pour des idées capricieuses & chimeriques. A la verité, le Peintre qui ne s'applique qu'à faire des Portraits , n'a pas grand' chose de commun avec le Poëte : mais semblable à un simple Historien , * il copie ce qu'il

* A juger de la Peinture par l'idée qu'en avoit *Nicolas Poussin* , l'un des plus célébres Peintres que la *France* ait produit , il semble que le simple faiseur de Portraits ne merite pas même le nom de *Peintre*. Le *Poussin* fait con-

qu'il voit, & deſſine ſcrupu-
leuſement chaque trait juſqu'aux moindres marques
extraordinaires. Il en eſt tout
autrement de ceux qui travaillent de genie , & à des
Piéces de leur invention. C'eſt
ſur les différens Objets de la
Nature , & non pas ſur un
Objet particulier que ces
grands Eſprits forment l'idée
de leurs Ouvrages. Auſſi dit-
on

conſiſter l'excellence de la Peinture & le
grand ſavoir d'un Peintre dans le beau choix
des Sujets. Il veut qu'ils ſoient nobles ,
c'eſt-à-dire, qu'ils ne traitent que de choſes
grandes , & non pas de ſimples repréſenta-
tions de perſonnes, ou d'actions ordinaires
& baſſes. Il veut encore, que ,lors que le
Peintre vient à mettre la main à l'œuvre,
il le faſſe d'une maniére qui n'ait point encore été executée par un autre , afin que
ſon Ouvrage paroiſſe comme une choſe u-
nique & nouvelle. Et c'eſt en conſéquence de cette idée que le *Pouſſin* ne pouvoit
ſouffrir les ſujets bas , & les Peintures qui
ne repréſentent que des actions communes;
& qu'*il avoit même du mépris pour ceux qui
ne ſavent que copier ſimplement la Nature telle qu'ils la voyent.* FELIBIEN, dans ſes *Entretiens ſur les Vies & ſur les Ouvrages des Peintres* &c. Tom. IV. pag. 65. Ed. de *Lond.* 1705.

on que les meilleurs Ouvriers*
ont étudié avec un soin infati-
gable les plus belles Statuës
Antiques, persuadez que ce
font de meilleurs modelles que
ceux que peuvent fournir les
Corps humains les plus parfaits. Et par la même raison,
de grands Esprits ont recom-
mandé † la lecture des plus
excellens Poëtes préferable-
ment à celle des meilleurs
Historiens, parce qu'on voit
mieux

* Cette étude a été la base de la grande
habileté de *Raphaël d'Urbin*, de *Michel An-
ge*, de *Jules Romain*, d'*Annibal Carache*,
du *Pouffin*, &c. comme Mr. *Felibien* le re-
marque dans la Vie de ces fameux Peintres. Il dit en particulier que *Raphaël d'Urbin* qui a possedé dans un plus haut degré
qu'aucun autre Peintre les principales parties de son Art *envoya jusques dans la Grece
deffiner ce qui y restoit encore de beau & de considerable, ne voulant pas perdre la moindre
des chofes qu'il croyoit pouvoir contribuër à le
rendre plus savant.* Entret. II. pag. 214.
Tom. I.

† Je croi avoir vû dans le *Traité du Poëme Epique* du Pere *le Boffu*, que ce savant
homme étoit de ce sentiment.

mieux dans un Poëme que IV. dans l'Histoire, la verité des PART. Caractères, & la nature de l'Homme.

Du reste, ce *Criticisme* ne doit pas vous paroître trop rafiné. Car quoi que peu de gens se soûmettent exacte-ment à ces Régles, il y en a peu qui n'en sentent la justes-se. Quelque indulgence que nous ayons pour nos méchans Poëtes, ou pour d'autres Ar-tisans d'Ouvrages irreguliers & de courte durée, nous sa-vons fort bien que les Ouvra-ges immortels des bons Ou-vriers doivent être formez d'une maniére plus uniforme. Dans tout bon Ouvrage qui sort de leurs mains, ces régles naturelles de proportion & de verité s'y trouvent exacte-ment observées. Toute pro-duction de leur Cerveau doit ressembler à quelque produc-tion

tion formée par la Nature. Il faut qu'elle ait un Corps & des parties avec leur juste proportion ; ou bien le Peuple lui-même ne manquera pas de critiquer l'Ouvrage, & de dire qu'*il n'a ni pied ni tête*. Car c'est ainsi que le Sens Commun, d'accord avec la vraye Philosophie, juge de ces Piéces qui n'ayant point la justesse d'un Tout, font voir que leur Auteur, quelque exact qu'il soit dans certaines Parties, n'est au fond qu'un vrai barbouilleur :

* *Infœlix Operis summâ, quia ponere Totum*
Nescit :

„ Malheureux dans le gros de
„ l'Ouvrage, parce qu'il ne
„ fait point faire un Tout
„ qui soit juste & bien assor-
„ ti. ”

Telle

---

* *Horat.* De Arte Poëticâ, ℣. 34.

Telle eft la *Verité* qui con- vient à la *Poëfie* , à la *Sculpture* & à la *Peinture*. Pour la *Verité Hiftorique* , elle doit être fans doute d'un fort grand prix , fur-tout fi nous confidérons combien le Genre Humain a fouffert faute de cette Verité, qu'il eft préfentement fi fort intereffé de connoître. Elle fait partie elle-même de la *Verité Morale*. Pour pouvoir juger de l'une , il faut être capable de diftinguer l'autre. Nous fommes tenus d'examiner à fond les mœurs, le caractère, & le genie d'un Auteur : & toute perfonne qui en qualité d'Hiftorien ou de témoin oculaire nous raconte des chofes dont la connoiffance intereffe le Genre Humain, doit, qui qu'il foit, fe mettre en credit dans nôtre Efprit par bien des endroits, tant par rapport à fon

H   ju-

IV.
PART. jugement que par rapport à sa candeur & à son désinteressement , avant que nous soyons obligez de rien embrasser sur sa parole. Et pour ce qui est de la *Verité critique*, c'est-à-dire , des régles qu'il faut suivre pour bien juger de ce que les Commentateurs , les Traducteurs , les Paraphrastes , les Grammairiens , &c. nous ont étalé à cette occasion, parmi une si grande varieté de stile, tant de différentes leçons , d'interpolations , & de corruptions des Textes originaux , tant de Copistes & d'Editeurs , & cent autres pareils accidens auxquels les anciens Livres sont exposez, la chose est enfin devenuë un Point d'une fine speculation ; & sur-tout, puisque le Lecteur , quelque savant qu'il soit dans les Langues , doit encore être muni de

de plufieurs autres connoif-
fances tirées de la Chronolo-
gie , de la Phyfique , de la
Geographie & d'autres Sciences.

Cela étant, il eft néceffaire
d'examiner & d'entendre
quantité de *Veritez Prélimi-
naires* pour bien juger de la
Verité Hiftorique; & du recit
des actions des hommes , ar-
rivées depuis long-temps, tel
qu'il nous a été tranfmis par
des Auteurs anciens , différens de caractère & d'interêt,
& qui ont vécu en différens
Païs , & en différens temps.
D'ailleurs , il y a certaines
Veritez Morales & Philofophiques , fi évidentes par el-
les-mêmes , qu'il feroit plus
aifé d'imaginer , que la moitié du Genre Humain feroit
devenu fou , & tombé dans
la même efpece de folie, que
de recevoir quoi que ce foit
H 2 pour

IV.
PART.

pour vrai qui feroit mis en oppofition à des Principes fi Naturels, fi Raifonnables, & fi conformes au Sens Commun.

Ce qui m'a fur-tout engagé à jetter ici cette derniere reflexion, c'eft qu'aujourd'hui quelques-uns de nos Zelateurs femblent ne connoître la VERITE', & n'en juger que par le nombre des fuffrages. Suivant cette belle régle, s'ils peuvent produire un affez bon nombre de gens d'entre la Populace, une troupe de Païfans ou de *Fanatiques*, pour attefter qu'une forciére a été vûë percer les Airs, *à califourchons* fur un balai, ils triomphent, & s'écrient fur la preuve folide de ce nouveau Prodige, MAGNA EST VERITAS, ET PRÆVALEBIT: *Grande eft la force de la Verité; elle aura enfin le deffus.*

La

La Religion eſt ſans doute fort obligée à nos Partiſans de vains Prodiges, qui dans un ſiécle ſi éclairé voudroient la mettre ſur le pied des Traditions Populaires, & l'appuyer à tout hazard ſur le même fondement que les contes de vieille, & les Hiſtoires de Fées, de Lutins & de Fantômes, qu'on a inventé pour épouvanter les Enfans, ou pour donner de la pratique à de communs *Exorciſtes*, & à des *Devins* de profeſſion.

Mais il eſt temps, mon cher Ami, de mettre fin à ces Reflexions, de peur qu'en tâchant d'expliquer davantage les choſes, je ne fuſſe obligé de quitter le ton enjoué pour haranguer profondement ſur ces matiéres. Du reſte, ſi vous trouviez que j'ai moraliſé paſſablement

H 3   bien

bien felon les idées du *Sens Commun*, & fans donner dans un jargon myfterieux, je ferois affez fatisfait de mon travail, tel qu'il eft, fans me mettre fort en peine du chagrin que je puis avoir caufé à quelques graves Cenfeurs de ce fiécle, dont les Difcours & les Ecrits font d'un tour fort différent. J'ai pris la liberté, comme vous voyez, de rire en certaines occafions; & fi j'ai été enjoué fans fondement, ou ferieux mal à propos, je ne ferai point fâché d'être joué à mon tour. Mais fi l'on me charge d'injures, je ferai tout auffi difpofé à rire qu'auparavant, & avec un nouvel avantage pour la caufe que j'ai entrepris de défendre. Car quoi qu'au fond il ne s'agît de rien moins que d'exciter par là la haine, la fureur & la
rage

rage de certains Zelateurs , suppofé qu'ils fuffent armez comme ils l'étoient il n'y a pas long-temps , cependant comme le Magiftrat a pris foin depuis de leur rogner les ongles , leur emportement bien loin de faire peur , a au contraire quelque chofe de comique. Il rappelle dans l'Efprit l'idée de ces Figures grotefques , de ces Faces de Dragons qu'on voit fouvent dans le Frontifpice & dans les coins des vieux Bâtimens. On diroit qu'on les a mis là pour défendre & fupporter l'Edifice : mais quelque effroyable que foit leur grimace, ils font auffi peu de mal aux Spectateurs qu'ils font inutiles au Bâtiment. Un grand tranfport de colere fans effet , eft un vrai fujet de farce ; & rien n'eft plus ridicule qu'une ex-

H 4   trême

trême *Fureur*, accompagnée d'une vraye & parfaite impuiſſance. Je ſuis , mon cher Ami, tout à vous.

S.C.S.V.

F I N.

CA-

CATALOGUE

DES

LIVRES

François, Anglois & Latins qui se trouvent à la Haye chez

HENRI SCHEURLEER.

ATlas Historique ou nouvelle introduction à l'Histoire, la Geographie, & la Genealogie des Maisons Souveraines de l'Europe. *folio* 3. *voll.* 1708.

'Abregé de l'Histoire de France *par Mezeray.* 12. 7. *voll.*

l'Ambassadeur & ses fonctions, *par Wiquefort.* 4.

——parfait; Traduit de l'Espagnol de *D. A. de Vera.* 2. *voll.* 8.

Actes & Memoires de la Paix de Ryswick. 12. 5. *voll.*

Amours des Dames illustres, 12. *fig.*

—— des Gaules, *par Bussy Rabutin.* 12.

Abbadie, Art de se connoître soi-même. 8.

Albinovani Pedonis & Corn. Severi Opera, cum Interpretatione & Notis Jos. Scaligeri, Frid. Lindenbrugii, Nic. Heinsii, Theod. Goralli, &c. 8.

Atalantis (*or secret Memoirs of the Court*) 8. 1709.

Antiquities of the Christian Church. 8. 1709.

BIbliotheque des Historiens, *par Du Pin.* 4.

Bibliotheque universelle, *complet in* 12. 25. *voll.*

Bibliotheque Choisie, *complet* 12.

Blondel, Calendrier Romain. 12.

—— Art de jetter les Bombes. 12. *fig.*

Bellegarde, toutes ses Oeuvres, *complet* 12.

Bour-

Bouhours, Maniere de bien penfer. 12.

Brage *of Paffions.* 8. London 1709.

B. Beveriges *Thoughts upon Religion.* 8. 1709.

C Aracteres de Theophrafte. 12. 3. *voll.*
Cuifinier François. 12. *fig.*

Contes de la Fontaine. 8. *fig.* 2. *voll.*

Cent Nouvelles Nouvelles. 8. 2. *voll. fig.*

Contes de la Reine Marguerite. 8. 2. *voll. fig.*

Confolations contre la Mort, *par Drelincourt.* 8.

Cours d'operations de Chirurgie, *par Dionis.* 8. *fig.*

Cicero *de Oratore, per* Cockman *è Coll. univerf.* A.B.
Oxon. 8.

Chamberlaine's *prefent State of Brittain.* 8.

Celfus *de vita Cafaris.* 12. Londini.

Cowly's *Works,* 8. 3. *voll. complet.*

D Ictionaire de Morery, *folio* 2. *voll.* 1702.
——— de Boyer François & Angl. 8. N. E. *Lond.*
— de Richelet, 4.
— de Marin, François & Flamand. 4. 1710.

Dacier Comedies de Terence, 12. 3. *voll.*

Don Quichotte, 12. 7. *voll. complet.*

Devoirs de l'Homme & du Citoyen, traduits du
Latin de *Pufendorf,* par *J. Barbeyrac.* 8.

Dawfon's *Lexicon Nov. Teftament.* Gr. 8. *Londini.*

Dryden's *Virgill,* 8. *à New Edition* 3. *voll.*

Devill (the) *upon two flicks.* 8.

E Sfai Philofophique fur l'Entendement humain ,
traduit de l'Anglois de Mr. *Locke ,* par *P. Cof-*
te. 4.

l'Efprit des Cours de l'Europe, *complet* 18. *voll.* 12.

Elite des bons mots, 12. 2. *voll.*

Education des Enfans, traduit de l'Anglois de M.
Locke, par *P. Cofte.* 8. feconde Edition.

Ecole du Monde, N. Edition. 6. *voll.* 12.

Eloges des Hommes favans de M. *de Thou ,* par
Teiffier. 12. *voll.*

Euripides *Græc. & Latin. cum Comment.* 8. *Cantab.*

Eutropius *Hiftoriæ Rom. Epitome cum Annotat.* Oxoniæ.
Evan-

Evangelia Gothica. 4.
England's Chronicle, by Heath. 12.
Essay on Elisabeth. 12. *à Nouvel.*
l'Estrange's Esop. 8. 2. *voll.*
FOrtifications de Vauban. 8. *fig.*
— de Coehorn. 8. *fig.*
— de Goulon. 8. *fig.*
Fables d'Esope, par *Bellegarde.* 8. 2. *voll. fig.*
— de la Fontaine. 8.
Faramond, Histoire de France. 8. 12. *voll.*
Floyers *History of Cold Bathing.* 8. *London.* 1709.
— *Phisicians pulch watch.* 8.
GEographie d'*Audifret.* 12. 3. *voll.*
— de du Fer. 12.
Gusman d'Alfarache. 12. 3. *voll.*
Geometrie de Le Clerc. 8. 2. *voll.*
Grammaire Franç. & Angloise. 8.
— Françoise & Allemande. 8.
Grotius, Droit de la Guerre & de la Paix , 12. 3. *voll.*
Godeau, Histoire de la Penitence. 12.
Guide du Chemin au Ciel, par *Bona.*
— des Negotians & Teneurs des Livres. 8.
Gage touché, Histoires Galantes. 12.
Grotius, *de Jure Belli ac Pacis, cum Notis var.* 8.
Guide to Eternity, by Sir R. L'Estrange. 8.
HOmme de Cour, par *Gracian.* 12.
— detrompé, par *le même.* 12. 3. *voll.*
Harangues de l'Academie Françoise. 2. *voll.* 12.
Histoire de Thucydide , de la Guerre du Peloponese. *folio.*
— de la Reformation d'Angleterre , *par. Burnet.* 4. 2. *voll.*
— de Tacite, trad. par *d'Ablancourt.* 4.
— Idem , en 12. 3. *voll. Paris.*
— Universelle des Voyages, par *Bellegarde.* 12. *fig.*
— Universelle, par *Turselin.* 12. 3. *voll.*
— de France, par *Mezeray.* 12. 7. *voll.*

Histoire

Histoire de l'admirable Don Gusman d'Alfarache. 12.3. *voll. fig.*

— du Gouvernement de Venise, par *Amelot de la Houssaye*, 12. 3. *voll.*

— de la Bible, par *Basnage*. 4. *fig.*

— Idem en 12. 3. *voll.*

— Comique de Francion, 12. 2. *voll. fig.*

— du Renouvellement de l'Academie des Sciences, par *Fontenelle*. 12.

— des Turcs. 12. 4. *voll.*

— des Juifs, par *Josephe*. 12. 5. *voll.*

— de la Republique de Genes. 12. *fig.*

— de la Revolution de Suede. 12.

— des Guerres Civiles d'Angleterre, par *Clarendon.* 12. 6. *voll.* 1709.

Hudibras *à new Edition in* 3. *parts.* 8.

Hasard of a Death-bed-repentence. 8.

I Mitation de Jesus-Christ, par *Corneille.* 12. *fig.*

Jardinier Fleuriste & Historiographe. 12. 2. *voll. fig.*

Introduction à la Geographie, par *Sanson.* 12.

——— Idem en Flamand, *in* 4. *fig.*

Intrigues Galantes de la Cour de France. 8.

Juvenalis & Persii Satyra. 24.

Justinus. 24.

Johnsons (Ben.) *Poetical Works, fol.* 3. *voll.*

Introduction to the History of England, *by* W. Temple. 8.

K Ennets *Roman Antiquities.* 8. *fig.*

King's *Miscellanei viz his Account of Denmark ; Journey to London, Dialogues of the Death, &c.* 8.

L Ucien, trad. par d'*Ablancourt.* 8. 2. *voll.*

Labyrinthe de Versailles. 4. *fig.*

Lettres de Ciceron. 12. 7. *voll.*

——— du Card. d'Ossat. 12. 5. *voll.* 1709.

——— de Bentivoglio. 12. Franç. & Italien.

——— du Chevalier Temple. 12.

——— de Bellegarde. 12.

——— de Richelet. 2. *voll.* 12.

Lettres de Defcartes en 3. *voll. in* 4. *Paris.*
Launoy *de varia Ariftotelis Fortuna.* 4.
Lives of all the Lords Chancellors. 8. 2. voll. 1709.
London Spy. 8.
Lock's *Letters,* 8. 2. voll.
~~*of Chriftianity* 8.~~

M Etamorphofe d'Ovide en Rondeau. 8. 2. *voll.* *fig.*
Maître Italien, par *Veneroni.* 8.
——d'Armes. 4. *fig.*
Machiavel Hiftoire de Florence. 12. 2. *voll.*
Maniere de bien penfer, de *Bouhours.* 12.
Memoires de Nodot. 12. 2. *voll. fig.*
——du Comte d'Artagnan. 12. 3. *voll.*
——d'Hollande, par *Aubery.* 12.
——de la Fontaine. 8.
——de de Wit Penfionnaire d'Hollande. 12.
——de la Morée, par *Coronelli.* 12. *fig.*
——de la Marquife du Frefne. 12. *fig.*
Mital ou avantures incroyables. 12.
Malebranche, Meditations. 12.
Milnes *Nova Elementa Section. Conicarum.* 8. Oxon. *fig.*
Menandri & Philemonis *Relliquiæ, cum Notis H.* Grotii & Jo. Clerici. 8. 1709.
Milton's *Poetical Works.* 8. 2. *voll. fig.*
Maundrel's *Travels to Jerufalem.* 8. *fig.*
Miffelanei Poems the 6. *part.* 8.
Miege's *prefent State of Great Brittain.* 8.
Miffelanei by Sir W. Temple. 3. *voll.* 8.
Memoirs (New) by Sir W. Temple. 8. 1709.

N Egotiations de Jeanin, 12. 4. *voll.*
Nouveau Teftament de M. Martin. 8.
——Traité de la devotion. 12.
——Traité de la Maladie Venerienne. 12.
Nouvelles de Cervantes. 12. 2. *voll. fig.*
——Avantures de Donquichotte. 12. *fig.* 2. *voll.*
——de la Republique des Lettres, *complit.*

Novum Teſtamentum Polyglott. B. Waltoni. *fol.*

Œconomie de la Campagne. 4. 2. *voll.*

 Odes de la Motte. 12.

Œuvres de Lucrece avec des Remarques par Coutures. 12. 2. *voll.*

————de S. Evremond, ~~augmentée.~~ 170~~~~

————du Chev. Meré. 12. 2. *voll.*

————de Fontenelle. 8. 3. *voll.*

————de Moliere. 12. 4. *voll. fig.*

————de Scarron. 12. 11. *voll.*

————de Rapin. 12. 2. *voll.*

————de Racine. 12. 2. *voll fig.*

————de le Pays. 12. 2. *voll.*

————de Boileau. 12. 2. *voll.*

————de Bellegarde. 12. 9. *voll.*

Ovidii *Opera in* 24. 3. *voll.*

Opere (Tutte le) del Poete Italiani. 32. 9. *voll.*

Obſervations on the Netherlands by W. Temple. 8.

Parfait Ambaſſadeur, par *Don Ant. de Vera.* 8. 2. *v.*

 Paſtor Fido , Franç. & Italien , *par Guarini.* 12.

————Idem François ſeul. 12.

————Idem Italien ſeul. 12.

Pratique des Vertus Chrétiennes. 8.

————de Pieté. 12. *à Charenton.*

Paix de l'Ame, par *du Moulin.* 12.

Penſées de Paſcal. 12.

Promenades de le Noble. 12. 4. *voll.*

Placette du Serment. 12.

————Communion devote. 12.

Poëſies de Mad. Deshoulieres. 8.

Plauti Comœdia. 24.

Pffaſii , Diſſertationes Criticæ. 8. 1709.

Pindarus, Græc. & Lat. cum Latina omnium verſione è Græco, per N. Sudorium. *folio,* Oxoniæ.

Prior's *Poems on ſeveral occaſions.* 8. London. 1709.

Potter *of Church Governement.* 8.

a Paraphraſe upon the book of Common prayer. 8.

         Quin-

Quintynie, Instructions des Jardins. 4. 2. voll. fig.
Quinte Curce de Vaugelas. 8. fig.
Quilletii Callipædia, & Sammarthani Pædotrophia. 8.
Londini.

R Ecueil des Opera. 12. 10. voll. complet.
—— des Poëtes Gascons. 8. 2. voll.
—— des Secrets d'Emery. 12. 2. voll.
—— de divers Traitez de Paix. 12. 2. voll.
Remedes de Fouquet. 12.
Republique des Hebreux. 8. 3. voll.
Roman Bourgeois, par Furetiere. 12.
Réponse à l'Histoire des Oracles de Fontenelle 8. 2. v.
Ray Historia Plantarum, fol. 3. voll. Londini.
Robinson Thesaurus Linguæ Sanctæ. 4. Londini.
Respublica Poloniæ. 24.
Ray's Wisdom of God in the Works of the Creation. 8. 1710.
Rochester and Roscommons Works. 8. 1709.

S Ermons de Tillotson, traduits par Mr. Barbeyrac.
8. 3. voll.
—— de Mr. Saurin. 8.
Sherlock de l'Immortalité de l'Ame & de la Vie
Eternelle. 8.
Songe de Bocace. 12.
Sonnets Chrétiens, par Drelincourt. 8.
Suckling's Works in 8. London 1709.
Shakespear's Works complet in 6. voll. 1709. fig.
Salomons Sydenham, or Practice of Phisiq. 8.
Selden's Table Talck. 8.

T Ite-Live, par du Ryer. 12. 8. voll.
Traité du Jeu, par M. Barbeyrac. 8. 2. voll. 1709.
—— des plus belles Bibliotheques. 12.
—— des Benefices de Fra Paolo, par Amelot de la
Houssaye. 12.
—— d'Origene contre Celse. 4.
—— de la Grammaire Françoise, par Desmarais 12.
—— d'écrire des Lettres, par M. de Grimarest. 12.
—— de la Civilité Françoise. 12.
—— des sources de la Corruption, par M. Ostervald.
8. 2. voll.   Trai-

Traité des Pierres, par *Venette.* 12. *fig.*
Tableau de l'Amour conjugal, par *Venette.* 12. *fig.*
Theatre de Corneille. 10. *voll.* 12. *fig.*
———— de la Grange. 12. *fig.*
———— de la Fosse. 12.
———— Espagnol. 10.
Tarcis & Zelie; *Roman* 8. 5. *voll.*
Taciti Opera in 24.
Terentius 24.
Theocritus *Gr. & Lat. cum Notis* &c. Oxoniæ 8.
Temple's *Works complet in* 10. *voll.* 8.
Travels Trough England & Wales by Brome 8.
VIe de la Reine Elizabeth. 12. 3. *voll.*
———— d'Olivier Cromwel, 12. 2. *voll. fig.*
———— du Pape Sixte V. par *Leti.* 12. 2. *voll. fig.*
———— de Ruyter.
———— de Moliere. 12.
———— de Rozelli. 2. *voll. fig.* 12.
Voyage de Siam, par *Tachard.* 12. 3. *voll.*
———— de Patin, 12. *fig.*
———— du Monde, par *Descartes.* 12. 2. *voll.*
———— de Chardin, *folio.*
———— de Bachaumont & la Chapelle. 8.
———— de Guinée, par *Bosman.* 12. *fig.*
Vavassoris *Opera. folio* 1709.
Usserii *Antiquitates Ecclesiæ Britannicæ. fol.*
Virgilius cum fig. 24.
View (*New*) *of London & Westminster* 8. 2. *voll. fig.*
Vitæ Stephanorum. 8. Londini 1709.
WIquefort, Instructions pour les Ambassadeurs. 4.

On trouve aussi chez Henri Scheurleer, *toutes sortes de Livres François, Latins, Anglois &c. d'Histoire, de Litterature, de Morale, de Politique, de Galanterie &c.* le tout à un prix raisonnable.